[特別支援学級]
しのぶ先生が教える

発達障害&グレーゾーンの子どもが「1人でできる子」になる言葉のかけ方・伝え方

村田しのぶ
Shinobu Murata

日本実業出版社

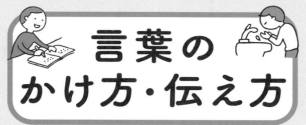

はじめに

最近、「発達障害」とか「グレーゾーン」と呼ばれる子どもたちが急増しています。文部科学省によって2022年1月～2月にかけて実施された調査（同年12月に発表）によれば、通常学級（普通学級）に在籍する児童・生徒の8・8％（2012年は6・5％）に「学習面、行動面で著しい困難を示す」傾向が見られたといいます。これは国公立の全小学生、中学生、高校生1071万人のうち、94万3000人に相当することになります。

この調査は発達障害のある児童・生徒数の割合を調べたものではありませんし、サンプル調査なので多少の誤差はありますが、学習や生活に困難をきたしている子どもの多いことがわかります。

発達障害とは、生まれつきの脳機能の発達の偏りにより起こる障害です。大声や奇声を発する、暴言や、ときには自傷・他害行為もあります。そして集団生活が苦手で、対人関係（コミュニケーション）がうまく築けない。落ち着きがない、なかには言葉をまったく発しない等々の症状があり、日常生活に困難が生じます。

発達障害とは別に、グレーゾーンの子どもは、担任の先生や保護者は「発達障害ではないか？」と疑っているものの、小児精神科で「発達検査」を受けていないため診断名をもたず、普通学級に在籍しています。

私はこれまで40年以上、神奈川県で小学校の教員として働いてきました。最初の15年間は健常児の子どもを相手に授業を行ない、その後の25年間は私の希望もあって、発達障害の子どもを特別支援学級で、あるいはグレーゾーンと呼ばれる子どもたちを普通学級で指導してきました。

退職後の現在も、小学校で特別支援学級の非常勤講師として働き、グレーゾーンの子どもたちの学習支援を行ない、また、保育園や幼稚園から小学、中学、高校まで、市や保護者からの要請を受けて障害のある子どもたちの訪問支援を続けています。さらに、放課後の児童支援員もしながら、子ども、保護者、担任の先生、相談機関などと連携し、指導支援をしています。

特別支援学級を選んで入学する保護者の多くには「学習力、生活力を伸ばしてほしい」というだけでなく、「健常児とも交流してほしい（共生）」という願いが強く見られます。

しかし残念ながら、特別支援学級の担任でも、特別支援学校教諭の免許を取得している教師は少数です（2018年で30・8％）。このため、障害児に対する専門知識や経験をもち、1人ひとりの特性や能力を見極めながら指導し、支援できている先生は少ないのです。

普通学級のほうも、担任の先生1人が健常児とグレーゾーンの子どもの両者を抱え、さらに「交流」ということで障害児も受け入れて指導するという厳しい環境にあります。

保護者のほうも、子ども自身が会話をできない、会話ができても自分の気持ちを言葉にうまく表現できないので、自分の子どもが何を考えているのかがわからない。片時もじっとしていない、パニックになるなど、さまざまな子育ての悩みを抱えています。

肝心の子どものほうは、自分の気持ちをわかってもらえないので、パニックを起こしたり、自傷行為、あるいは他害行為に及んだりします。

グレーゾーンの子どもは普通学級に在籍していますが、医療機関で診断を受けていないため、担任の先生以外に特別に自分を指導してくれたり、支援をしてくれたりする人はいません。普通学級に在籍しているのに集団行動がとれない、勝手に席を離れる、授業を理解できずにいる。そうすると、「なまけているのではないか」と担任の先生にも友だちにも思われてしまい、不登校になることもしばしばです。

これらを解決するためには、発達障害の子育ての不安、あるいは困っていることを相談できる場所（機関、アドバイスできる人）が必要です。最近はさまざまな**療育**（発達障害のある子どもに対し、現在の問題の解決と将来の自立支援を行なうこと）について相談できる機関も増えてきましたが、保護者の環境は依然として厳しい状況にあります。

たとえば、医師に診断名を告げられたけれど、障害にどう向き合い、どう対応したらよいのか、この先どう子育てをしていったらよいのか、将来の自立をどう手助けすればよいのか。これらの肝心なことを教えてもらえないため、不安を抱えて相談できる場所を探し回ります。ケースによっては、保護者自身が情緒不安定になってしまうこともあります。

保護者としては「自分の子には障害があるから」とあきらめるのではなく、**どうしたらさまざまな症状を改善でき、将来、1人で自立して生活していけるか**、その方策を探る必要があります。決してあきらめることなく、わが子を信じて育てていくことが大切です。

私は小学校の特別支援学級での懇談会や学級通信などで「就労できる子どもとは？」「会社が採用する子どもとは？」「就職先にはこんなところがある」といったナマの情報をたくさん発信してきました。その目的は、将来に不安を抱えている保護者の方々に、**「発達障害をもっている子どもであっても、学校卒業後はきちんと就労し、1人で自立しているケー**

スが多数あること」を知ってもらいたいためです。そして、「どうすれば自立できるか」を知り、将来への希望をもってもらうためです。

そのために大切なことは、小学校の頃から担任の先生、相談機関、医療者などと協力・連携し、それぞれの障害を理解し、対応方法を実践し、焦らず子育てをしていくこと。そうすることで、保護者も将来の不安から解放され、子育てに希望をもって歩き出せるようになります。

本書には、発達障害やグレーゾーンの子どもたちを指導支援している担任の先生、保護者の方々が支援に行き詰まったときに、「**こんなふうに障害のある子どもと接し、向き合えばいいんだ**」**と笑顔で取り組めるようなヒント、事例**を多数集めてあります。すべて私自身が実践してきたものです。

この本があなたに勇気と笑顔と希望をもたらし、障害のある子どもをたくさんの人が理解し、寄り添ってくれる人が増えていくことを願っています。

２０２３年１月

村田しのぶ

目次

3章 家庭での支援と〝魔法の言葉がけ〟【基本編】

4章 家庭での支援と〝魔法の言葉がけ〟【上級編】

5章 学校での支援と〝魔法の言葉がけ〟【基本編】

6章 学校での学習と学力を伸ばすコツ【学科別】

7章 子どもが1人で生きていくための「自立」をうながす教材と工夫

ブックデザイン 山之口正和＋沢田幸平＋齋藤友貴（OKIKATA）
イラスト 富永三紗子
DTP ダーツ

1章

もし、子どもにこんな発達障害が見られたら

親なら誰でも、ほかの子どもと比べてわが子の成長度を測ります。そして、「うちの子は、少し発達が遅れていないか？」と心配になることが多いものです。しかし、その大半は杞憂と考えてよいでしょう。

しかし、発達障害の子ども、あるいはグレーゾーンの子どもが増えています。それらの子どもの特徴とはどのようなものでしょうか。その特徴的な行動とは？

まず、この章では、私が長年にわたって見てきた発達障害、あるいはグレーゾーンにある子どもたちの行動を概観してみることにしましょう。

1

症状①

パニックを起こしやすい
――聴覚がとても過敏で耳を塞《ふさ》ぐ

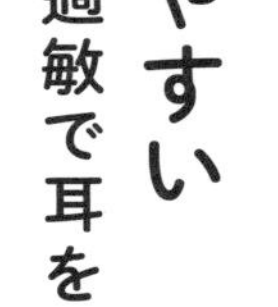

小学校に入学すると、誰もが慣れない環境で新生活がスタートします。このため、子どもたちはただでさえ不安です。そんな中で、**教室の騒がしさでイライラし、耳を塞《ふさ》ぐ、大声を出す、机の下にもぐる、勝手に席を離れて教室の外へ飛び出すなどパニックになる子がいます。**どうしてでしょうか？

ささいな音で癇癪《かんしゃく》を起こす

実は、私たちが意識しないようなかすかな音でも、耳障《みみざわ》りな騒音に聞こえ、両手で耳を塞いで机に突っ伏してしまったり、癇癪《かんしゃく》を起こしたりする子どもたちもいます。先生は注意をしますが、いったん始まった癇癪は止まりません。注意すればするほど、ひどくなります。

それでも、しばらくすると学校生活にも慣れ、落ち着きが見えてきます。ところが、今度

は別の面でパニックを起こし始めます。それは、身体測定や遠足などの行事が入ってきて、予定が変わることです。「今日は保健室で身体測定をします。廊下に並んでください」と言われると、「イヤだ〜」と、大声をあげてパニックに陥ります。予定が変わり、「何をするのか」の見通しがもてないと、大混乱をきたすのです。

B子さんの場合は、入学時から4年まで学校行事（身体測定、遠足、運動会、演劇鑑賞会など）、校外学習（町探検、消防署見学など）に一度も参加したことがありません。もちろん、身体測定や遠足などについては事前に説明があるのですが、そのイメージが湧かないのです。イメージできないことは不安でしかたなく、怖いのです。

片づけができない、きまりが守れない

先生が「休み時間は終わりですよ。Aさん、早く、本を片づけなさい」と声をかけても、いっこうに片づける気配がなく、先生の語気もだんだん強くなる。最後はあきらめたように、「あなたは片づけができないんだよね」と言って、思わずため息も……。

当の本人は、「遊びたい」という気持ちが強く、遊びを途中でやめられないのです。

周りの空気を読めない、という特徴もあります。たとえばC男くんの場合、休み時間の終わりを告げるチャイムが鳴っているのに、教室に戻ってこずにブランコで遊び続けます。先生が迎えに行き、「チャイムが鳴ったから、教室に戻ろうね」とやさしく声をかけても、もっと遊びたいので知らんぷりをします。やっとブランコから降りてきたと思ったら、今度は先生の制止を振り切って一目散に逃げ出す……これが毎日続きます。

症状②

2 コミュニケーションが苦手
——自己中心的な行動を起こす

「会話が成立しない」のも発達障害の子どもに見られやすい特徴の1つです。次のような例があります。

■ オウム返し、「1語」しか出てこない……

Fくんは、いつも笑顔がなく、無表情で、抑揚《よくよう》のない話し方をします。担任の先生はFくんが発達障害ではないかと疑うのですが、保護者は「成長がゆるやかなだけ」と反論します。

担任の先生がFくんに「○○できましたか?」と聞くと、Fくんは「できましたか?」とオウム返し。先生が「○○わかりましたか?」と聞くと、Fくんは「わかりましたか?」と最後のフレーズをオウム返しします。

G子さんの例を見てみましょう。先生がG子さんに「町探検で、何を発見しましたか?」

と聞くと、「バッタ」と答えることができます。けれども、その次の言葉が続きません。先生が「バッタのほかに、何か発見したものはありませんか？」と聞くと、「ちょうちょ」と答えます。見つけた物を答えるだけで、文章として順序立てた話ができないのです。

他人の気持ちを考えることが苦手

K太くんはブランコに乗っている友だちに「僕と替わってよ」と言えません。いきなり友だちに近寄り、無言のまま叩いたり、蹴ったりして友だちを降ろし、ブランコに乗ろうとするのです。友だちは驚いてべそをかくことに。

先生が飛んできて仲裁するものの、K太くんは自分が叱られることに納得できず、逆に怒り出します。相手がどんな気持ちかを理解できず、「ごめんなさい」が言えません。

Wさんは、ほかの人の話の中に割って入ります。それまでの会話とはまったく無関係の話を、自分勝手に始めます。「Wさん、ちょっと待ってね」と言うと、怒り出したり、すねたりします。**人の話を聞けず、他人の気持ちを考えられない**ので、いつも友だち関係がぎくしゃくしています。

3

症状③

同じことをいつまでも繰り返す
——年齢に合わない行動をとる

■クレーン現象や行動の繰り返し

発達障害の子どもはこういう行動をとる——と簡単にパターン化できないのも特徴です。いくつか事例をあげてみます。

クレーン現象という言葉をご存知でしょうか。これは**年齢の割には言葉がうまく使えないときに出てしまう現象**です。子どもが「あの積み木で遊びたい」と思っても言葉がうまく出てこないため、近くにいる人の腕をとって、その人の手で積み木をとらせようとします。急に腕をつかまれるため、相手は驚いてしまいます。

年齢に合わない行動——という点がポイントです。

同じことを続ける特徴もあります。積み木で遊んでいる様子を見ていると、同じ形の積み木を選び、きれいに一列に床に並べています。みごとです。ところが、並べ終わるとバラして、また最初から並べ始めます。これをずっと続けるのです。

電車の時刻表を持って、パラパラとめくり続ける子どももいます。パラパラとめくることが楽しく、めくることで気持ちも安定するようですが、これもずっと続きます。

ほかにも、自分の手の平を上下に振り続ける、同じ場所に立ってぐるぐるといつまでも回り続ける。手の平を振っているとき、回っているときは一心不乱です。

味覚過敏による偏食

食事をする際は、ごはんならごはんを、おかずならおかずを、汁物であれば汁物を食べ続けます。学校ではよく「ごはん、おかず、汁物などを順番に食べましょう（三角食べ）」と指導したりしますが、いろいろなものを口に入れないのは、「味の違いに敏感」なことが原因のようです。ごはん、おかず、味噌汁など、**いろいろな味のするものを一度に口の中に入れるのがイヤ**なのです。

実際、「気持ち悪いの？」と聞くと、初めてうなずきます。「そうだったんだぁ。じゃあ、1つずつ食べきってから、次のものを食べていいよ」と言うと、ほっとした顔になります。

4

症状④

勝ち負けにこだわる、負けるとキレる
――自分の気持ちをコントロールできない

思うようにならないと、自分の気持ちをコントロールできず、さまざまな行動に出てしまう（キレる）という特徴もあります。

順番を待てない、というのもその1つです。ブランコの列に並んでみたものの、交替が待てず、友だちにちょっかいを出したり、大声を出したりします。友だちから「ちゃんとしろよ」と言われると、その友だちに暴言を吐いたり、叩いたりの他害行為が出てきます。

次に何をするのかがわからない、体育館がイヤ

授業中、出された課題を終えると、次に何をするのかを忘れてしまったりします。誰だって忘れることはありますので、「次に何をすればいいですか？」と聞いてくれればいいのですが、どう聞けばいいのかがわからないのです。そのため、ボーッとしています。

そして、暇になったので消しゴムなどで遊び始めます。「消しゴムを切りきざんではいけません」「机に落書きをしてはダメですよ」と注意を受けると、怒って教室を飛び出してしまいます。

また、体育館などに入るのをいやがることがあります。全校生徒で600人もいると、その人数に圧倒されるのでしょうか、しり込みをします。

もう1つ、体育館のように天井が高く、反響のある場所をいやがり、耳を塞《ふさ》いでしまうことも多く、ときには叫び声をあげて体育館から逃走し、教室に戻ってしまうこともあります。

注意するとキレる、負けるのがイヤ

日直が「朝の会を始めますので、座ってください」と言うと、遊んでいたみんなは着席しますが、ウロウロしていて、なかなか着席できないケースも見られます。「Kさん、着席してください」と声をかけても、知らんぷり。

先生が見かねて「Kさん、座って！」と大きな声を出すと、Kさんの顔が険しくなり、近くの友だちを叩いたりします。大きな声を出されると、パニックになるのです。

ジャンケンポン…
勝った！
エーッ！
もう1回やって

ジャンケンで負けると、負けたことが悔しくて、「もう1回やって」と叫びます。みんなから、「負けたのに、ずるいよ」と言われると、今度は友だちを叩いたり、蹴っ飛ばしたり、机を倒したりとあばれます。ルールを説明するとそのときは理解しても、負けるとパニックになるのです。

体育の時間には準備体操後、校庭を1周しています。運動は苦手であっても、かけっこはできるのですが、みんなに抜かれ始めると泣き始め、ゴールに戻ってきたときには大粒の涙。負けることが許せないのです。「イヤだ～」と叫び、地べたに寝転がります。先生がなだめようとするのですが、パニックは収まりません。

5

症状⑤

「聞く、書く、読む、話す」に困難がある

――学習科目でのハードル

これまでのパニックに陥る話とは違いますが、小学校に入ると学習に困難をきたす場面が見えてきます。これはある程度の対処法がありますが（6章で説明）、どのような症状なのかを見ておきます。

文字が書けない、とくに「タテ書き文字」の視写が苦手

衣服を自分で着たり、トイレに行ったりなど、日常の身辺処理は自立しているし、教科書もスラスラ読める……それなのに、文字が書けない子どもがいます。見ていると、文字のバランスがとれていなくて、マスの中に文字が入っていません（対策は2章5、6章2で紹介）。

また、文字の練習をするときは、左に教科書を置いて、右に置いたノートに書き写します。これはスラスラとできます。ところが驚くかもしれませんが、黒板の「タテ書きの文

字」を視写できないケースが多いのです。目の上下運動がうまく機能していないため、書き写せないようです。

「似ている文字」の区別も苦手です。「あ・め」「ぬ・ね」「ソ・リ」「ン・ソ」などの違いがわかりません。不思議なことに「あめをたべました」という文章ならスラスラ読めたりします。このため、発達障害やグレーゾーンの子どもの特徴を熟知していない先生や保護者の場合、「ふざけてる！」と勘違いして対応するケースもよく見られます。

数や量のイメージがわからない

「聞く、書く、読む、話す」ではありませんが、「数量」の大小、順番などの概念を把握しにくい面も見られます。

たとえば、ブロックを並べて「3個と7個は、どちらが多いですか？」と尋ねると、「7個です」と即答できるのですが、「5000個と1万8000個では、どちらが多いですか？」と尋ねると答えられません。それは、並べて比較できる数ではないのでわからなくなるのです。

3個と7個では
どちらが多いですか？
5000個と1万8000個では
どちらが多いですか？
7個です
エッ…

同様に、「1、2、3、4、5、6、7、8、9、10」のような順番（正順）なら大きな声を出して言えるのですが、逆順の「10、9、8、7、6、5、4……」のようになると、とたんに出てこなくなります。

また、数字がトビトビに並んでいる場合、たとえば、

「10――（　）――30――40――（　）」
「30――35――（　）――45――（　）」

などは、なかなかカッコの中に数字を入れることができません。そのため、算数の時間には下を向いて固まっています。

2章

知っておきたい さまざまな発達障害

発達障害にはどのようなものがあり、それはどのような障害なのか。保護者や担任の先生は症名ごとの違いを知って、「1人ひとりに合った対策」を施していく必要があります。

ここでは、障害の解説はもちろん、筆者が実際に経験した具体例を通して、それぞれの障害に対する「アドバイス」や「支援方法」「対策」をくわしく述べていきます。

1

さまざまな発達障害

——ひとくちに「発達障害」というが

発達障害のある子どもやグレーゾーンの子どもは、見た目ではわかりにくいものです。そのため、先生や周りからの支援を受けられず、困っている場合がたくさんあります。１人ひとりの障害の特性や能力が異なるだけでなく、障害が重複している子どももいるので、たとえ**同じ診断名がついたとしても、その対応や支援方法は１人ひとり異なる**ということを心しておく必要があります。

発達障害は、発育期の脳の発達に何らかの要因が加わり、機能障害（運動、言語、行動など）が現れます。その症状は幼少期より持続しています。

発達障害と診断されていない**グレーゾーン**の子どもたちは、思っている以上にたくさん普通学級に在籍しています。そして、**症状はその日の体調やそのときの環境によっても変わる**のです。「昨日より、今日はよい状態だった」と話す先生もいますが、決して症状が改善されたわけではありません。「今日は目立たなかっただけ」と捉え、原因は何かを観察し、子どもに合わせた支援をしていくことが大切です。

次節から発達障害の各症状（名称）について見ていきますが、次ページ表に主な発達障害をまとめておきました。その中の1つ、ASDの事例をご紹介します。

ASD——皮膚過敏症のA子さんは雨が嫌い！

自閉スペクトラム症（ASD）のA子さんは、雨が嫌いです。小学校に入学して以来、雨の日には一度も登校したことがありません。ある日、下校時に雨が急に降り出したので、お母さんがあわててクルマで迎えにきたのですが、A子さんは雨をいやがり、校舎を出るのさえ怖がります。先生が「もしかして、雨が腕にあたると痛いの？」と、ジェスチャーを交えて聞くと、「うん」という顔をします（A子さんは発語がない）。

それなら、とレインコートを着せて傘をさし、A子さんを校庭に引っ張り出したのです。そして、「ほら、雨、痛くないよ」と言うと「ほんとだ！」という顔をしてニッコリ。それからは雨の日でも登校できるようになりました。A子さんは自閉スペクトラム症の中でも「皮膚感覚過敏症」でした。**原因がわかれば、対策もとれる**のです。

学習障害（LD）	グレーゾーンの子どもに多く見られる。知能の発達に遅れは見られないが、「読む、聞く、話す、書く、計算する、推論する」などの能力に困難が生じる障害。 小さい頃は障害があると判断されにくく、小学校にあがって本格的な学習が始まると気づくことが多い。特定分野だけが苦手なので発見も遅れがちで、学校側からは「努力が足りない」と見られてしまうケースが多い。
ダウン症	染色体異常による生まれつきの障害で、合併症（先天性心臓疾患、視力障害など）をもつ場合もある。昔は寿命が短いとされていたが、現在は60歳程度まで寿命が伸びている。 顔立ちが似ていて、両目の間が広く、ぽっちゃりとかわいい顔をしている。発音が不明瞭だったり、早口になったりするため、聞き取りにくさがある。性格は明るく、人なつっこく、お茶目だが、引っ込み思案な面がある。
場面緘黙症（ばめんかんもくしょう）	「緘黙」は「かんもく」と読み、「話せないこと」。生活全般においてまったく話せない場合を「全緘黙」といい、家庭内や親の前では話せるけれど、学校やほかの人の前では話せない（つまり「場面」や「ケース」による）ことを「場面緘黙症」、あるいは「選択性緘黙」と呼んでいる。 場面緘黙症の発症は5歳未満が多いとされるが、それ以上でも発症する場合がある。感覚が鋭敏で、無理に目を合わせようとすると不安になって身体がこわばってしまう。「おとなしい子」と思われ、周りからは放っておかれることが多く、その結果、「自分のことを誰もわかってくれない」と感じ、ストレスにつながることが見られる。

●主な発達障害とその特徴

自閉 スペクトラム症 （ASD）	先天的な発達障害で、対人関係が苦手。行動にもこだわりが見られる。ほかの人に興味がなく、視線が合いにくい。集団行動が苦手。それは「集団行動のルールがわからない」ためで、その場から逃げ出したり、勝手な解釈をしたりしてトラブルになることがある。 「自閉スペクトラム症（ASD）」の現れ方はさまざまで、五感による大きな違い（個別性）が見られる。たとえば、光、音、皮膚感覚、味わい、匂いなどに敏感な感覚過敏をもっている場合や、反対に鈍感な場合がある。つまり、ひとくちに「自閉スペクトラム症」といっても、一概にこうとはいえない。
注意欠如・ 多動症 （ADHD）	グレーゾーンの子に多く見られる。その症状から、❶不注意優勢型、❷多動性・衝動性型、❸不注意・多動・衝動性型に分けられるが、子どもによって個性があり、障害の特性・重さは異なるため、いっしょくたにはできない。 **❶不注意優勢型ADHD** 授業に集中できないタイプ。勝手に席を離れたり、担任の先生から注意を受けると怒り出したりする。 **❷多動性・衝動性型ADHD** 「多動性」、つまり常にソワソワし、感情のコントロールがむずかしい。このため友だちとトラブルを引き起こしがち。 **❸不注意・多動・衝動性型ADHD** ①と②の混合タイプ。相違点としては、注意を受けると他害行為（他者を攻撃する）に出ることが多く、騒動になりやすいこと。

2

自閉スペクトラム症（ASD）の子ども①
知的障害があるケース
――ASDの特徴

かつては、発達障害といえば「自閉症」でした。自閉症とは、言葉に遅れがある、相手の話す内容が理解できないなど、主に、言葉（言語）から相手の意図を理解することが不得手な症状を指します。

しかし、イギリスの児童精神科医ローナ・ウイング（1928〜2014）はドイツのアスペルガー症候群の数多くの事例を研究することで、自閉症とは診断されていないけれど、それに似た子どもがたくさん存在し、「自閉症と正常との間が曖昧《あいまい》な地続き（スペクトラム）」であると考え、「自閉スペクトラム症（ASD）」の研究を行ないま

● 自閉スペクトラム症「ウイングの3つ組」

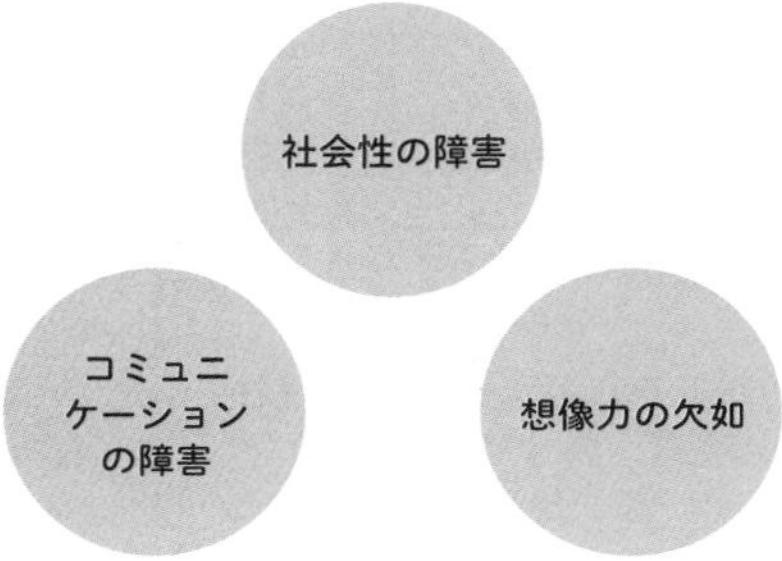

した。

そして現在、それまで自閉症、アスペルガー症候群などとさまざまな名前で呼ばれてきた症状は、2013年のアメリカ精神医学会の診断基準によって「自閉スペクトラム症(ASD：Autism Spectrum Disorder)」と呼ばれるようになっています。その特徴には3つあるとされます。

ASDの特徴①
社会性の問題――人とうまくかかわれない

ASDの特徴は、第一に「社会性」、つまり人とうまくかかわれない点です。自閉スペクトラム症の子どもの多くは、乳幼児期の頃から人への関心が乏しく、母親が抱いても目を合わせなかったり、あやしても反応が少なかったりします。

また、「うれしい、悲しい」といった感情を身ぶりや表情で表わすのが不得手で、ほかの人からは無表情に見えます。このため、感情の変化を周りの人に気づかれにくく、放っておかれやすい状態になり、仲間に入れてもらえなくて落胆することが見られます。

遊びでは、おもちゃなどを「貸して」と言わずに急にとってしまうため、「返して」と言う友だちを叩いて騒動になりがちです。また、ドッジボールをしていても、ボールがほしくてとってしまったりするため、仲間外れにされ、また怒り出す……という悪循環が見られます。

逆に、友だちに「遊ぼう」と誘われても関心を示さず、1人で絵を描いて遊んだり、フラフラしながらあちこちを歩いていたりする姿もよく見かけます。

ASDの特徴②
コミュニケーションがとれない

第二の特徴は言葉の理解や会話力が不十分で、「**コミュニケーションがとれない**」ことです。2～3歳になっても母親のことを「ママ」と呼べず、引っぱって意思表示をします。抽象的な言葉や、たとえ話の理解にも難点があります。「**あれをとってきて**」などの「**あれ**」の意味がわからず立ち尽くしてしまったり、徒競走で1番をとった子のことを先生が「チーターのように速かったね」と言うと、「速い→チーター」のたとえが理解できないため、「チーターはいないよ」と不思議そうに言ったりします。

私がC子さんの家に電話をかけた際も、次のようなことがありました。

「もしもし、C子さんですか？　いま、お母さんはいますか？」

電話に出たC子さんは「はい」と答えてくれたものの、いつまでも代わってくれません。ハタと気づき、「お母さんに代わってほしいんだけど」と言うと、代わってくれました。

つまり、「お母さんはいますか？」だけを聞いたので、C子さんは「お母さんは家にいる」ので「はい」と答えたわけです。しかし、「（いるなら）お母さんに代わってほしい」という言外の意味までは読み取れなかった、ということです。

1語返し、オウム返しも特徴の1つです。「今日はどんな勉強をしたの？」と聞いても「漢字」とだけ答え、「3時間目の国語の時間に、新しい漢字を習ったよ」と、順を追った説明ができません。ほかにも、「今日は引き算の計算をします」と言うと、言葉の末尾を繰り返して「計算をします」とオウム返しするものの、話の意図が伝わっていないので、何をするのかわからずに困っている姿が見られます。

ASDの特徴③
想像力・こだわり——見通しが立たないと不安になる

第三の特徴は想像力の欠如、こだわりの強さです。見通しが立たないことに対して不安

を感じたり、同じことを繰り返したりする（見通しが立つので）傾向が見られます。

1章でも述べたように、積み木や小石を並べて1人で遊び続けます。並べ終わるともとに戻して、また最初から始めます。絵本を見つけてきて、ページをパラパラとめくり続けます。同様に、自分の手をヒラヒラさせたり、その場でぐるぐると回り続けたりします。

慣れた行動パターンを好み（安心する）、初めての経験を嫌う（不安になる）のです。ハードルや跳び箱など初めての運動を怖がり、立ちすくんだり、逃げ出したりします。このような場合は、2〜3回見学し、ルールやり方がわかるとできるようになります。

見通しが立たない間はいやがり、見通しが立つと気持ちが安定するので、できるようになります。

五感の違い

ASDの子どもたちは、「見る、聞く、触る、味わう、嗅《か》ぐ」などの五感がかなり異なっています。

1 音に敏感

トイレを流す「ジャー」という水の音、掃除機の「ゴー」という音をいやがります。聴覚過敏の人は、大きな音を聞くと轟音が鳴り響いているように感じるようです。このため、体育館のように音が反響する空間では耳を塞《ふさ》ぐ行動をとったり、心が不安定になって叫んだり、泣いたりします。**不快な音を遮断するイヤーマフをつける**ことで対応できることもあります。

2 肌が敏感

人に急に触られると「痛い！」と感じて怒ったり、31ページのA子さんの事例のように、雨やシャワーがあたっても痛いと感じることがあります。

❸ 食感の違い

フライなどの揚げ物は「トゲトゲガサガサしていて、痛い」と感じ、白いごはんしか食べません。また、いろいろな食べ物を一度に口に入れて、口の中で混ざることをいやがります。無理に食べさせようとすると吐いてしまうこともあるので、要注意です。

また、家庭でカレーは食べられても、給食では環境も味も違うので食べられなかったりします。「同じカレーだよ」と説明しても口にできません。こうしたことを理解していないと、「好き嫌いが激しい」とか「反抗している」と間違った印象をもつことにもなります。

❹ 匂いに敏感

好きな匂いと嫌いな匂いがあります。給食の食缶を開けると「くさい」と言って逃げ出すこともあります。

❺ 暑さ・寒さに鈍感

体温調節ができなくて、床に寝っ転がって身体を冷やしていたり、日中に汗をかかない人は、真夏にセーターを着ていたりします。

3

自閉スペクトラム症（ASD）の子ども②
知的障害がないケース
――アスペルガー症候群

アスペルガー症候群と二次的障害

自閉スペクトラム症の1つに「アスペルガー症候群」があります。これは**自閉スペクトラム症のうち、知的水準は標準か、あるいは標準以上にあるもの**をいいます。このため、普通学級に通っている子どもが多いのが特徴です。

アスペルガー症候群の場合、特定の分野（芸術、スポーツ、習字、物理や数学、判断力、記憶力など）で優れた能力を発揮することが多く、集団の中ではコミュニケーションが一方的であったり、相手の言葉の意味や真意を理解できなかったりするため、不適応、たとえば二次障害を起こすことがあります。

ここでいう「二次障害」とは、発達障害（アスペルガー症候群）を「一次障害」とすると、それが原因となって周りから注意を受け続けたり、イヤな経験を繰り返すことで、自己肯定感が下がり、人間関係がうまくいかなくなったりすることをいいます。

アスペルガー症候群の特徴①
相手がどう思っているかを理解できない

アスペルガー症候群の場合、自分の興味のあることについては知識も豊富なので喜んで話しますが、相手がどう思っているかを考えずに話すため、会話は一方的になりがちです。さらに、聞いてはいけないこと、話してはいけないことを平気で聞いたり話したりします。

たとえば、太っている人に面と向かって、「太ってる」と言って怒らせてしまうのですが、それよりも問題なのは、**なぜ相手が怒ったのかがわからない**ことです。

また、曖昧《あいまい》な言葉を理解できないので、足を痛そうにしていたら「どうしたの？」と聞くのではなく、「足が痛いの？」と具体的に聞かないと答えられません。

記憶力は抜群によいので、「前は○○しました」と頑固に言い張り、新しいことをしようとしても納得しません。こうして周りとの不協和音を高めていくのです。

アスペルガー症候群の特徴②
集団にうまく適応できない

アスペルガー症候群の子どもは、集団での行動が苦手です。体育館で朝会に参加するのを拒んだり、初めての特別教室での学習参観をいやがったりします。大勢のいる場所や環境が変わる（初めて）と、慣れるまでに時間がかかるのです。

こだわりの強さも問題です。たとえば、「まっすぐに行くと、コンビニがあるよ」と言うと、「この道は曲がっているから、まっすぐに行くとコンビニには行けない」と言います。**決まった道や順序、きまりを守ることへの強いこだわり**があるのです。周りの人に対してもきまりを守らなかった人に厳しく注意することがあり、トラブルになりがちです。授業でも、１日の決まったスケジュールが突然変更になると、その変更を受けとめられずにイライラして大声を出します。気持ちがもとに戻るのに時間がかかります。

集団は苦手なのですが、人に対する興味はあります。ただ、とてもしつこく質問したり、どこまでも追いかけていって相手に嫌われることもあります。

アスペルガー症候群の特徴③
特別な才能がある

アスペルガー症候群の子どもは、抜群の才能を見せることも多くあります。集中力が高く、遊びや本に熱中していると自分が呼ばれても聞こえなくなるほどですが、このためか、虫、電車、クルマなど、好きなものに対しては抜群の記憶力を発揮します。電車のアナウンスやテレビのコマーシャルを聞いて、声まで似せて同様に言うことができます。

カレンダーを見て記憶し、「○年○月○日は○曜日です」と私たちを驚かせます。また、音楽を聴いて主旋律を鍵盤ハーモニカで弾いたり、隣の人が弾いている様子を見なが

みんなと
違うね
変わって
いるね
私って
変な子なの？
友だちも
できないのかな

ら、同様に合わせて弾いたりすることができます。

絵や工作にも独特の才能があり、細かいところまで写実的で独創的な色づかいで絵を描いたり、集中して紙を切ったり貼ったりしながら工作をつくり上げてしまいます。

ASDのDさんの場合——周りは見えず、こだわりが強い

Dさんは、工作や絵が得意です。授業の終わりのチャイムが鳴る頃、周りの友だちは片づけを始めるのですが、Dさんはまったく気にせずに続けています。先生が「そろそろ終わろうね」と声をかけても没頭しているのでやめません。「片づけようよ」と言うと、怒り出します。

やっと片づける気持ちになってくれても、もう時間がないので先生が片づけを手伝おうとすると、「やめて」と叫ぶDさん。なぜなら、片づける順番も「自分流」に決まっているからです。

4

ADHD（注意欠如・多動症）の子ども
――判断がむずかしく、グレーゾーンが多い

ADHDの特徴

発達障害の1つに「ADHD（Attention Deficit Hyperactivity Disorder）」があります。ADHDは「注意欠如・多動症」とも呼ばれ、その特徴は12歳までに症状が現れて6か月以上続き、保育園、学校生活などで発現する、とされています。

原因としては脳の形態異常や機能異常ではないかという報告があり、遺伝や胎児期と出生後の環境要因が多いといわれています。

子どもによって現れ方は異なります。体調、環境などにも影響されるのでADHDかどうかの判断はむずかしいとされています。このため普通学級の中でも診断を受けていない子どもが多く、発達障害児というよりグレーゾーンの子どもとして存在しているケースが

多いようです。また、ADHDの子どもは、学習障害（LD）やアスペルガー症候群などの特徴が重複していることが多いのも特徴の1つです。

ADHD（注意欠如・多動症）には、次の3つのタイプがあります。

ADHDの3つのタイプと特徴

❶不注意優勢型
（集中していられない）

- 持ち物の整理が苦手で、道具箱はいつもぐちゃぐちゃ。物をなくしやすい。このため、宿題や持ち物を忘れることが多い。
- 時間遵守の感覚が希薄。「もう、時間よ」と言われてもあわてない反面、時間に遅れても気にかけず、悪いと思っていないため謝れない。
- ルールや約束事を忘れがち。遊ぶ約束をしていてもすっぽかしたり、借りた物を返さなかったりする。ドッジボールで遊ぶときも、夢中になると「ボールにあたれば外に出る」というルールを忘れて続行しようとする。
- 外からの刺激（音、声）に強く反応し、すぐに気が散ってしまう。このため課題に集中できず、最後まで取り組めない（中途半端で終わる）ことが多い。
- 細部まで注意を払えないためうっかりミスが多く、同じ過ちを繰り返す。
- 一度にたくさんのことを言われると、覚えられないためにパニックに陥り、何も手につかなくなる。
- 注意を受けると自信をなくす。叱られるとふてくされたり、イライラしたりする。

❷多動性・衝動性型
（じっとしていられない、考えずに行動する）

- 友だちと遊んでいてもちょっとしたことですぐにカッとなり、粗暴な行動をとる。
- 授業中に椅子をガタガタさせたり、じっと座っていられずに席を立ったりする。
- 先生の質問内容を聞き終わる前に答えようとする。
- ブランコの交替ルールを無視したり、順番を待てずに割って入る。
- 興味、関心が次々と移りかわるため、静かに遊べない。
- 聞き返すことや人の話に割り込むことが多い。また、場所や時をわきまえずに早口でしゃべり、話し出したら止まらなくなる。
- 注意されても、何が悪かったのか、わからないことがある。友だちと口論になると、他害行為に出る。

❸不注意・多動・衝動性型

- **❶不注意優勢型**と**❷多動性・衝動性型**の両方の症状をもっているタイプ。
- 自分の課題が終わって次にやることがわからないと、授業中に立ち歩き、友だちの机の物に触ってしまい口論になる。
- ルール（たとえば「タッチ鬼ごっこ」など）をよく理解しているのに、タッチされても鬼を交替しないことがある。友だちから「ルールを守って」と言われると、叩く、蹴るなどの光景がよく見られる。
- 友だちと口論になると、他害行為が出て騒動になりやすい。
- 「そんなことをしてはダメ」と注意をするだけでは、言い訳をし、正当化しようとする。「なぜ、いけないのか」を理解してもらうためには、「どうしたらよかったのか」を具体的に伝え、それを根気よく繰り返して説明することが大事。場面を捉え、そのつど伝えていくと、年齢があがるとともにトラブルも減り、仲よく遊べるようになる。

5

学習障害（ＬＤ）のある子ども
——「なまけている」と誤解されることが多い

「特定分野だけ苦手」な学習障害（ＬＤ）

「学習障害」のことを英語のラーニング・ディスアビリティ（Learning Disability）の頭文字をとって「ＬＤ」と言います。

Ｌ（ラーニング）とは、「学習」という意味で、「人が生きていくために必要な事柄や方法を学ぶ」という広い意味をもっています。Ｄ（ディスアビリティ）とは「その力が出しきれない」という意味です。このため、ＬＤは「学習障害」と訳されているわけです。

ＬＤは脳の認知機能に偏りがあるといわれていますが、人によって特徴はさまざまです。聴覚障害や視覚障害など身体的な障害が原因で起こるものではなく、知的障害、情緒障害、また環境的な要因が直接の原因となるものでもありません。

LDの人の特徴は「特定の分野だけ苦手」という点です。たとえば、幼児期にハサミが使えない、ほかの子どもにはわかる説明が1人だけわからない、形の認識ができないなどです。

特定分野だけなので、「この子はなまけているのではないか?」「家でのしつけや教育が悪い」「愛情不足だ」などと言われて、保護者も傷ついている場合が多く見られます。子ども自身、なぜ、自分が同年齢の子どもと同じようにできないのかがわからず、悩みます。ただ、LDの子どもはほかのことができるため、問題がクローズアップされにくく、見過ごされてしまうことが多いのです。

小学校に入学して、国語や算数を勉強する頃になると気づくことが多く、できればもっと早期に発見し、その子に合った学習方法を考え、苦手を克服していくことが大切です。

LDの診断方法は?

知的な遅れがないのに、**「聞く、話す、読む、書く、計算する、推論する能力」のうち、1つまたは2つ以上の遅れがあるとき、LDと診断**されます(次ページ表参照)。

6つの能力を見て、ただ不得手のレベルなのか、LDに該当するのかの正式な診断や判

●LDの6つの能力の診断方法と特徴

聞くこと	●聞き間違いによる勘違い、指示の聞き落としが多い。また、聞こえていても言葉の意味がわからなかったりして行動できないことがある。 ●集団での話し合いに参加していても、聞こえてくる音のすべてが同じように入ってくるので、必要な情報だけを捉えることがむずかしく、全体の意味を理解できなかったりする。 
話すこと	●ひどく緊張して、言いたい言葉が出なかったり、早口になったり、遅くなったりしてちょうどよい速さで話せなかったりする。 ●「いつ、誰と、どこで、どんなことをしたか、どう思ったのか」を時系列や順番どおりに話せない。このため、話が伝わりにくくなる。話す前に「何を話すのか」を頭の中で整理することが苦手なため、思いつくまま話す傾向が見られる。
読むこと	●形の似た文字（「あ」「め」、「ぬ」「ね」、「スケート」「スカート」）の区別がつかず間違って読んだり、音読の際は文字や行を飛ばして読んだりするのが特徴。 ●1字1字の文字は読めるのに、文章として続けて読むことができずに、1字1字をぽつりぽつりと、たどり読みをする。 ●1つひとつの言葉の意味はわかっているのに、書いてある「文章全体の要点」がわからない。

書くこと	●左右の感覚がわからず、鏡に映したような文字を書いたり、漢字のへんやつくりを逆に書いたり、枠やますに文字が書けずにはみ出したりする。 ●字を見るとき、細部に注意をはらいすぎるため、形の似た字を区別するのに時間がかかる。形の似た字（「6」「9」、「ケ」「カ」）を間違って書く。 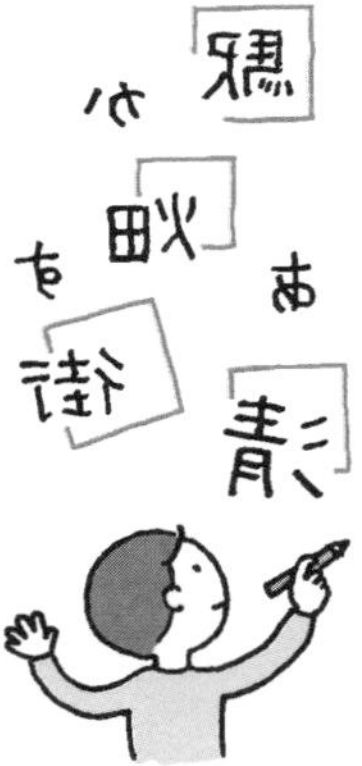
計算することと	●ブロック5個を数えることはできるが、それと数字の「5」のカードとのマッチングができない。 ●2桁±2桁以上の繰り上がりの足し算、繰り下がりの引き算の筆算ができなかったり、似ている数字（56と65）を見分けるのがむずかしかったり、逆に読んだり書いたりする。
推論すること	●理科の実験では、「ものが溶ける」ことは理解できるが、ものが溶ける量には限度があることや、溶かすものによって溶ける量も決まってくることを理解できない。これは、自分が経験していないことや知らないことがあると、予測ができないためと考えられる。 ●時間の流れやカレンダーを見ても意味が理解できない。このため「今日は何日で、あさっては何日ですか？」と聞かれてもすぐに答えられない。 ●運動会で隊形移動などの方向がわからなかったり、ダンスや歌が覚えられなかったりする。

● 臨床心理士が行なう主なアセスメント方法

田中ビネー知能検査	対象年齢：2歳〜成人
K−ABCII	対象年齢：2歳6か月〜12歳11か月
WISC−IV	対象年齢：5歳0か月〜16歳11か月
WAIS−III	対象年齢：16歳〜89歳

断は、医療関係者が「聞く、話す、読む、書く、計算する、推論する能力」を調べ、アセスメント（支援が必要なところ）やストレングス（強み）の評価（前ページのアセスメント方法を参照）を行ないます。

検査は1人ひとりの認知発達を把握し、苦手なところ、得意なところを知るために行ないます。検査を参考にして、その子に合った療育、学習方法を考え、理解しやすいような教え方、話し方を工夫し、教材や教具を整えていきます。

LDの子どもは学習しても成績が伸びなかったり、同じ失敗を繰り返すためにストレスを抱え込んだりします。このため睡眠障害に陥ったり、不登校になったり、周りの人に攻撃的になったりなど、さまざまなトラブルを起こすことがあります。

LDの事例紹介——苦手なところを知り、教材を工夫する

転校生のAさん（3年生）は身辺処理も自分ででき、コミュニケーションもとれ、文字も読め、計算もできます。しかし、ひらがな、カタカナが書けません。

そこで、マスを10㎝の正方形にしたプリントを用意して、色鉛筆で一画一画、色を変え、「1、2」と番号をふってみました。「1番は赤、2番は青で『い』をなぞってみて」

と話して、「ほら、ここからスタートよ」と言うと、色鉛筆を持ってなぞり始めます。次に『あ』は「1番は赤、2番は青、そうそう最後の3番はピンクでくるりんちょ」と言うと、リズムにのって書けました。「できたね！　この調子で覚えちゃおうよ」と話すと、やっと笑顔がこぼれてきました。

苦手とするところを知り、その子に合った教材を工夫して用意し、気長に少しずつ練習を繰り返して苦手を克服し、自信をつけ自己肯定感をもたせていくことが次のステップにつながります。

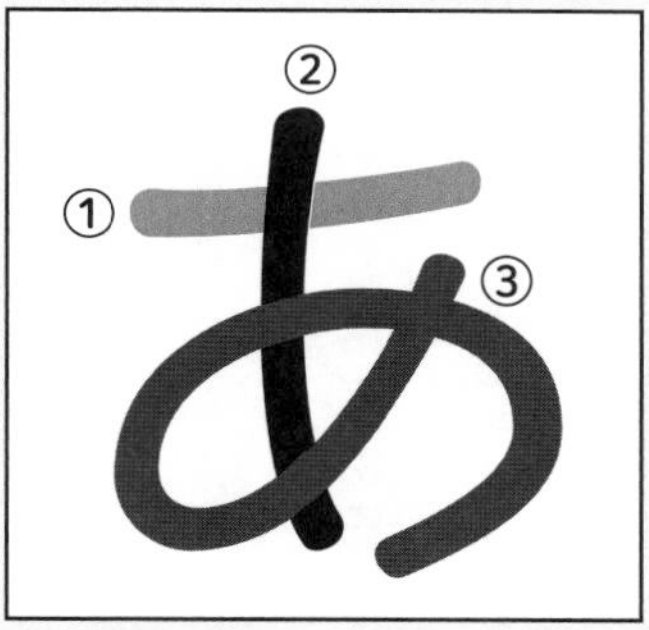

①は赤、②は青、
③はピンクでくるりんちょ

6

ダウン症の子ども
——ダウン症って何？

染色体異常による生まれつきの障害

ダウン症は染色体異常による生まれつきの障害です。およそ１０００人に１人弱の頻度とされていて、遺伝で起きる場合もありますが、偶然起きるケースがほとんどとされています。高齢出産が原因とされるケースは、遺伝よりも確率が高くなります。

従来、ダウン症の寿命は短いとされていましたが、最近の平均寿命は60歳以上と推定されていいます。寿命が伸びたのは、先天性の心疾患、さまざまな合併症の根治治療などが行なわれたことによるものです。

ダウン症は21番目の染色体の異常が原因とされています。人の染色体は23組あり、染色体は２本で１組なので、人の染色体は全部で46本あることになります。これは、人は女性も男性も46本ずつありますが、卵子と精子がつくられる際に、2本で1組ではなく、1本ずつ23本になるようにつくられている（生殖細胞の減数分裂）ため、卵子、精子ともに23本ずつで受精卵の染色体は合わせて、46本となっています。

ダウン症の場合は染色体の21番目（21トリソミー）が2本ではなく3本存在し、合計47本の染色体をもっています。どうしてそうなのかは、現段階ではわかっていません。

ダウン症の特徴

ダウン症の人は、顔立ちや体型が似ています。両目の間が広く、鼻が低めで少しつり目です。身長は低めでぽっちゃりしています。腕が短いため、お座りの習得がうまくできず、脚が短いため、階段の上り下りの練習をすることもあります。

人によって異なりますが、舌足らずな話し方になってしまうことがあります。また、発音が不明瞭に聞こえるのは、耳がよく聞こえていないことが理由として考えられます。

性格はおとなしく、引っ込み思案、人見知りで、人前での失敗を恐れるので、新しいことをやってみようという意気込みに欠けたり、人前で声を出して話したりすることを恐れます。自分にとって大切なものであっても、ほかの人から「ちょうだい！」と言われると断ることができず、あげたあとで後悔し、泣きべそをかくことがあります。

明るく、人なつっこく、人とのふれあいが好きで、お茶目です。音楽が大好きで、リズムに合わせてマネして踊ることが得意です。

ダウン症の気になる3つの症状

ダウン症児の場合、主に次の3つの症状が見られます。

1 筋緊張低下症

力を抜いたときの筋肉の緊張のことを「筋緊張」といいます。ダウン症児はこの筋緊張が弱く、筋肉や手足を触ると柔らかく感じられます。

筋緊張の弱さは腕とお腹に見られ、ずり這い、ほふく前進がなかなかできません。けれども、乳児期から身体のすべての関節と筋肉を動かすように鍛える「赤ちゃん体操プログラム」などを利用して訓練すれば、子どもの成長に伴って筋緊張低下症の特徴は徐々に目立たなくなっていきます。

「立つ、座る、歩く、走る」などの動きは、毎日の生活を送るために必要なものです。また、正しい運動技術を習得するためには、1つの動きのほかに「反対の動き」を取り入れることも必要です。たとえば、ダウン症児の場合は床に腰と膝を曲げて座ることと同時に、膝と腰をまっすぐに伸ばす練習（粗大運動技術）をします。このように**運動能力を向上させる練習を繰り返すことで、筋力の弱さを改善**していくことができるのです。

筋緊張低下症は、運動機能の発達を遅らせますが、粗大運動技術（運動能力）の練習を重ねることで苦手な運動がわかり、運動機能そのものも向上します。

なお、ダウン症児の場合、首の構造がもともと弱い人もいます。首の骨は頸椎《けいつい》が積み重なってできていて、その頸椎の内側には脊髄《せきずい》（神経の束）があります。この脊髄を強く押すと、首が弱いダウン症児は麻痺を起こすことがありますので、首を痛がる、腕や手の使い方、歩き方が変わったなどの場合は、首に負担がかかる運動（頭を激しく前後に、あるいは急に頭を動かすような運動）は避け、小児神経外科医に相談するようにします。

効果的な方法

・ダウン症児は指が短くて動かしづらく、力の加減がうまくできないために不器用なところがあります。指先の細かい運動ができるようになるには、ティッシュペーパーを箱から取り出し、紙をちぎるようにするのが効果的です。

・3歳近くになっても1人歩きができない場合でも、音楽のリズムにのせると臆病さがなくなり、1人で歩けたという報告があります。

・生後3か月から上半身のバランスをとらせる抱き方や、立ち上がりと座り動作を繰り返し行なう運動、膝関節を柔軟に使って歩行させる（早期運動発達刺激訓練）などによって、歩行開始年齢が平均で1歳11か月という結果も出ています。

2 認知能発達遅滞

「認知能発達遅滞」とは、文字や言葉を覚えるのに時間がかかる障害のことです。具体的には、目に見える数量と数字（●と1、●●●と3）が同じであることを理解できなかったり、足し算、引き算が不得手なことが多く、また、時計の見方、お金の計算が覚えられなかったりなど、いろいろなケースがあります。

しかし、時間をかけ、繰り返し練習していくことで理解が進む子どももいます。あきらめないことです。

なお、一度決めたこと、身につけたことは守りますが、途中でやり方を変えられるのを嫌います。また、途中でやめることができず、座り込んで動かなくなることもあります。

効果的な方法――決められたセリフを覚えさせる

・自由な会話は下手ですが、決められたセリフや短い文章の暗誦がうまくできることがあります。言語発達面では**「自信をもたせること」が大切**です。

3 合併症

ダウン症児の場合は「合併症」を伴うことが多いことも知られています。具体的には、先天性心臓疾患（50％程度）、消化器系の病気（十二指腸閉塞、30％程度）、甲状腺機能低下症、てんかん、耳鼻科的感染、目の疾患などの合併症です。原因としては、染色体異常が考えられますが、最近では合併症の根治治療が進んでいます。

合併症の場合は専門医の治療が必要です。先天性心臓疾患は重症化傾向があり、肺高血圧症をきたしやすいが根治治療が行なわれています。視力障害として先天性白内障や近視、乱視、遠視が混在しています。ほかに眼振《がんしん》、斜視などがあります。消化器系の重篤な人は、生後すぐに手術を受けることが検討されています。

なお、ダウン症の多くの新生児、あるいは乳児は難聴と診断されていますが、数年後には正常化することが多く見られています。

ダウン症のBさんの場合

ダウン症のBさんはかけっこが苦手です。体育の授業でも、マラソンのスタートラインに立ったまま固まって動きません。そんなとき、友だちの1人が「いっしょに走ろうよ」と声をかけ、手を引っ張ったとき、友だちの手をいきなり叩いてしまいました。

先生は1つの対応をしました。「校庭を2周走ってゴールする」ことを絵に描いて説明し、納得したBさんは、スタートをきることができたのです。友だちにも無理に手を引っ張ったりすることをやめさせて、「がんばれ〜」と声をかけて応援するだけにしました。すると、Bさんは友だちの応援を受けてみごとに完走し、ゴールすることができたのです。

もともと、Bさんはダンスのような身体を動かすことは好きでした。しかし、かけっこはほかの子に負けるため、嫌いだったのです。そんなとき、「友だちが無理に引っ張った！」と勘違いし、思わず叩いてしまったようです。でも、「人を叩いてはいけないよ」と説明すると、Bさんはちゃんと理解できます。

納得する方法を見つけ（口頭だけでなく、絵を描くなど）、無理に引っ張るなどの動作をやめれば、自分で動き出すことができるのです。

7

場面緘黙症の子ども

――家では話せるのに、外では固まってしまう

場面緘黙の症状

場面緘黙《かんもく》症とは、家族とは家庭で普通に話すことができるのに、特定の場面（保育園、幼稚園、学校、公共の場など）になると、なぜか声を出せなくなる不安障害のことです。

家では日常生活ができているのに、外に出ると不安や緊張が高まり、声を出せない状態になります。

場面緘黙症の子どもは、自らの意志に反して、喜怒哀楽の感情を表わせなかったり、動きたくても固まってしまい動けなかったり、教室でいっしょに給食を食べられないなど、いろいろな症状があります。不安に対する遺伝的な体質に加えて、脳機能の異常によって緘黙という症状が現れている、という報告もあります。

私たちには声の大きさを調整する聴覚機能が備わっています。しかし、場面緘黙症の子どもの多くは聴覚機能の調整が十分ではないため、自分の声が実際よりも大きく聴こえてしまい、自分の声を「変な声」と感じ、話しにくくなるのではないかと考えられています。

また、**場面緘黙症の子どもは自閉スペクトラム症と間違われがち**です。しかし、自閉スペクトラム症の子どもは、家庭でも親の話に反応せず、勝手な行動をとることが多く見られます。それに対して場面緘黙症の子どもは、家庭では親と普通に話せていますが、外に出たとたん、人見知りが強くて話せないという大きな違いがあります。

このような違いが少なくとも1か月以上持続し、**自閉スペクトラム症では十分説明できないとき、場面緘黙症と診断**されます。

場面緘黙の発症年齢は5歳未満が多いといわれていますが、それ以上の年齢でも発症する場合があります。アメリカ精神医学会によると、場面緘黙症の有病率は多くて100人に1人としています。また、男女比で女子のほうが若干高い研究結果が見られます。

一般的な特徴と誤解

場面緘黙症の子どもは一般に感覚が鋭く、不安になると身体が硬直し、表情にもこわばりが見られます。知的能力は平均以上にあります。ただ、外で言葉を発することがないため、コミュニケーション不足によって場面緘黙の症状をさらに悪化させていきます。

場面緘黙症は、特定の場面（保育園、幼稚園、学校、公共の場など）で話せなくなる症状ですが、**家庭では話しているので、先生からは「おとなしい子」あるいは「反抗的な子」と見られがちです。**また、放っておけばそのうち話せるだろうと思われてしまいます。

先生や保護者による適切な配慮、支援がなされず放っておかれると、二次的な問題（不登校、いじめの対象、対人恐怖、ひきこもり）を引き起こすことも考えられるため、子どもの行動をしっかり見て、緊張や不安を緩和させていくことが大切です。

担任として、場面緘黙を早期に発見する方法

1 最初に、どのような場面で話せないのかを確認する

確認したい事項としては、先生や友だちと話せない、返事ができない、先生に指名されても発言できない、イヤなことがあっても話せない、音読できない、歌えない、絵が描けない、作文が書けない、「トイレに行きたい」と言えない、休み時間になっても席を離れることができない、体育の授業で動けなくなるなどです。

少しでも話せる子なら、次の点について様子を観察していきます。

①どこで（場所）、②誰と、③どんな活動をしているとき、④どんな具合で（緊張の程度）、⑤どんな声（小さな声、ささやき声）で話せているのか――これらの様子を観察します。その様子から、具体的な支援方法を探っていくことができます。

2 保護者に対し、家庭で普通に話していることを確認する

家では普通に話しているかどうか、それを確認するために、家の中で話している映像を見せてもらうことも必要です。

場面緘黙症の子どもにどんな支援ができるか

まず、教育相談支援センターや小児科心理相談室など、専門機関に行って親子でいっしょに面接をしたり、保護者のみの面接などをします。保育園、幼稚園、学校の担任と情報を共有し、その上でどうすれば有効な支援をできるかを考えていきます。

学校支援（担任、保護者、本人）では、子どもが学習や生活場面で、「自分だってできる！」という自信と感覚（自己肯定感）を育てていくことが重要です。話すことができないなら、代わる方法として、二択制にして手をあげてもらったり、カードで示したりします。

1人でいることが不安を生じさせているのであれば、友だちに声をかけてもらい、いっしょに移動できるようにします。みんなと給食を食べられないのであれば、別室で給食を食べられるようにします。集団登校をいやがるのであれば、慣れるまでは親が付き添って登校してもかまいません。

大事なのは、緘黙症の子どもが安心して行動したり、学校生活を楽しく過ごしたりできるような支援方法や環境を少しずつでも考え、整えていくことなのです。

担任の先生は、1つひとつの行動に対して、「○○できたね」「上手だね」などの言葉をかけて、子どもに「いつも自分を見てくれている」という安心感を与えていくことです。

保護者は、特定の場面（保育園、幼稚園、学校、公共の場など）で話そうとしても声が出なくなることは、子どももその理由がわからずにいること、相手の問題でも、性格の問題でもない。がんばれば話せるわけではないし、放っておけば治るとも限らない。話せないだけでなくつらい思いをしていることを理解し、家庭で支援していくことが大切です。

場面緘黙症のA子さんの場合

場面緘黙症のA子さんが一番気持ちの安らげる場所がジャングルジムと特定できた

ので、担任の先生は休み時間に「ジャングルジムに行こう」と声をかけました。「てっぺんまで行くよ」と誘うと、ジャングルジムに上って周りを見渡しています。表情が少し柔和になったのを見て、「休み時間が終わったら、教室に戻るよ」と毎日繰り返しました。担任以外の支援助手の先生も交替で付き添いました。

数か月経って慣れてきた頃、途中までいっしょに行ったあと、「1人でジャングルジムに行っておいで。先生は教室から見ててあげるから」と言葉をかけます。ジャングルジムに着いたら、先生が手を振って合図をして安心させます。「戻っておいで」の合図も教室から送ります。そうしないといつまでもジャングルジムから離れることができないからです。

こうして、1人でジャングルジムへの行き来ができるようになりました。その後は、クラスの友だちを1人、2人と徐々に増やしていき、みんなでジャングルジムで遊べるようになりました。1年経っても学校ではひと言も発しませんが、みんなから声をかけられたら、すぐにジャングルジムには行くことができるようになりました。

安心して過ごせる場所を見つけること、人とのかかわりで情緒の安定を図っていくこと、スモールステップでも、できることを積み上げていくことが大切です。

3章

家庭での支援と“魔法の言葉がけ”【基本編】

生活の中で、家族が心がけたい支援のポイントを解説します。基本は「遠くからではなく、近くから」、そして「子どもの表情と目をしっかり見て」話すことです。ここではその基本編をお伝えします。

1

顔を見て「おはようございます」
――あいさつができると、笑顔がこぼれる

あいさつのできる子は少ない

　意外かもしれませんが、あいさつを自分から進んでできる子どもって、案外少ないのです。ある日ふと、わが子が「おはよう」ができないことに親が気づきます。そこで、「入学する前にしつけておかないと」と思い立ち、「おはよう」の練習を開始します。それまでは、親から一方的に「おはよう」と声をかけられるだけだったので、子どもが急に「おはよう」と返すわけがありません。「おはようって、言うんだよ」と声を荒げると、子どもは「お母さん、怒った顔でイヤだな～」と反発します。爽やかな1日のスタートは台無しです。

子どものあいさつを笑顔で褒める

こんな日々が続いたあと、子どもの目をまっすぐに見て「おはよう」と言っていなかったこと、赤ちゃんの頃は、「おはよう、起きたね」と笑顔で微笑んでいたことを思い返します。

むずかしいことではありません。**子どもの顔を見て、笑顔で「おはよう」と毎日繰り返し語りかけていく**ことで、スムーズに「おはよう」と言える子に育っていくのです。

子どもはおとなの動作や言葉をよく見ていてマネします。そこで、普通に「おはよう」と言うのではなく、テンションを上げて「おっはよぉ〜」とリズミカルに言ってみると、子どももつられて「おっはよう」と返します。

「おはよう」が言えたら、すかさず「おっ、いいね」と褒めると、気持ちも穏やかになります。褒められることで、子どもの自己肯定感もあがります。

これを継続していくと、どんどん「おはよう」の返事ができる子に育っていき、そのうちに自分から「おはよう」と言える子に育っていきます。

「笑顔で褒める」——それが魔法の言葉かけの第一歩です。

「ゲーム感覚」であいさつを覚えていく！

ゲーム感覚で遊びながら、あいさつの言葉を覚えていく方法を紹介します。

まず、子どもに「ゲームをするよ」と誘って、

❶親が「おは～」と言ったら、子どもが「よう」と答える（おはよう）

❷親が「いってき～」と言ったら、子どもが「ます」と答える（いってきます）

など**「あいさつゲーム」**を教えます。

できたら、「上手！」「声が大きくていいね」と笑顔で目と目を合わせて褒めて、ハイタッチのスキンシップをとると、ノリノリで自然と覚えていきます。ゲーム感覚で楽しく、そして褒めながら子どもに接していると、笑顔であいさつができるようになります。

2

「ごめんなさい」「ありがとう」はお手本を見せて

——他人の気持ちを想像する

「ごめんなさい」のお手本

発達障害の子どもたちには、ほかの人の気持ちを想像することがむずかしい、という共通点があります。このため、ほかの人がしてくれたことに対して「ありがとう」とお礼を言ったり、迷惑をかけたときに「ごめんなさい」と謝ったりすることがスムーズにできません。なぜなら、「ありがとう」や「ごめんなさい」の意味を理解することは、コミュニケーションをとる力や状況を判断する力が育っていないと、なかなかできないからです。

対策としては、相手が今どういう気持ちなのか、自分のしたことを周りの人がどう感じているかを子どもに知らせ、徐々に子ども自身で気づけるようにすることです。

よくあるのは、友だちのおもちゃをとってしまって、ケンカになることです。「友だちのおもちゃを何も言わずにとってしまったんでしょ。だったら『ごめんなさい』と言おうね。それと、貸してほしかったら、最初に『貸して』と言うのよ」と言っても、自分が悪いと思っていないので、注意されている理由がのみこめません。

そこで、**親が相手の目を見て「ごめんなさい」と謝るお手本を見せる**ことで、謝ることの意味や重要性に気づかせてあげることです。

そして「ごめんなさいと言えたら、相手がうれしくなるかもしれないね」などと、いっしょに考えてみることが大切です。そのためには、次に紹介する方法を実践してみましょう。

無言でおもちゃをとられた相手の気持ちを考える！

まず、子どもにおもちゃを持たせ、次にお母さんが黙ってとってしまいます。そのとき、子どもに「どう思った？」と聞いてみます。すると、「お母さんにとられてイヤだった」と言ったり、子どもが泣きべそをかいたりします。

母　「とられると腹が立つし、悲しいよね」

子ども「うん」

母　「お母さん、どうすればよかったのかなぁ？」

子ども「……」

母「お母さんが『貸してください』と言えばよかったね」

といっしょに考えて話します。そして、子どもに向かって「ごめんね」と謝ります。

ここで終わってはいけません。謝ってもらったとき、どんな気持ちになったかを尋ねてみます。子どもが「うれしかった」と答えたら、すかさず「うれしいよね、そのとおりだね、『ごめんなさい』と言われると、気持ちよくなるね」と笑顔で伝えます。

そのつど、**場面を捉えて、繰り返し言葉をかけて考えさせていく**ことが大切です。

子ども「もし、『貸して』と言っても、貸してくれなかったら？」

母「そのときはね、先生や周りの人に『貸してもらえないから困ってる』と応援を頼むことも大切だね」

と話します。子どもは「困ったとき、どうすればいいか」がわかり、安心します。

「ごめんなさい」を言えるちょっとしたコツ！

「ごめんなさい」を言い出せるようになる方法は、「おはよう」と同じです。

まず、親が「ごめんなさい」の始めの部分を区切って言います。それに続けて、子どもが言うようにします。

親「ごめん……」　子ども「……なさい」

短く区切って言えるようになったら、次はいっぺんに言います。

親「ごめんなさい」　子ども「ごめんなさい」

と言えたら、**笑顔で「上手に言えたね〜、かっこいいよ」とオーバーに褒めます**。「お母さんは、そういう○○ちゃんが大好きよ」と言ってハグしてあげると、褒められたことがうれしくて自然と「ごめんなさい」が言えるようになっていきます。

3

着替えって楽しい、○○ちゃんが1番だ！
——いっしょに着替えて、できたら褒める

発達障害の子どもは、朝起きての着替え、お風呂あがりの着替えを面倒くさがります。親は「いつになったら、着替えられるのかなぁ」と思い、「早く1人で着替えられるように、しつけないと」と気合いを入れるのですが、焦れば焦るほど、着替えはうまくできません。着替えを自分でできるようになる方法はないものか……。

■「お着替え競争」で褒めよう！

服がきちんとたたまれていると、子どもは着替えやすそうに思いますが、子どもにとっては、服のどこを持って着替えを始めればいいのか、わからなくなるケースもあります。

そんなときは、シャツの裏側のすそに2か所、目印としてアップリケ（アイロンで接着できる）やボタンをつけます。そして、シャツの裏を上にして広げます。

「さあ、着替えようね、こうして目印の2か所を持って」と子どもに声をかけ、「シャツを頭からかぶって、手も出して」と楽しく話しながら着替えていきます。そうすると、いつの間にか自分で着替えられています。「1人で着替えができた！」と思わせる体験を積んでいくことが大切です。できたら、笑顔で褒めてあげてください。

こうして1人でできるようになってきたら、「お母さんと競争だ！」と言ってゲーム感覚で「お着替え競争！」をします。競争して着替え終わったら、「○○ちゃんが1番だね、新記録だ」と褒めてあげると、毎日、どんどん着替えが上手になっていきます。

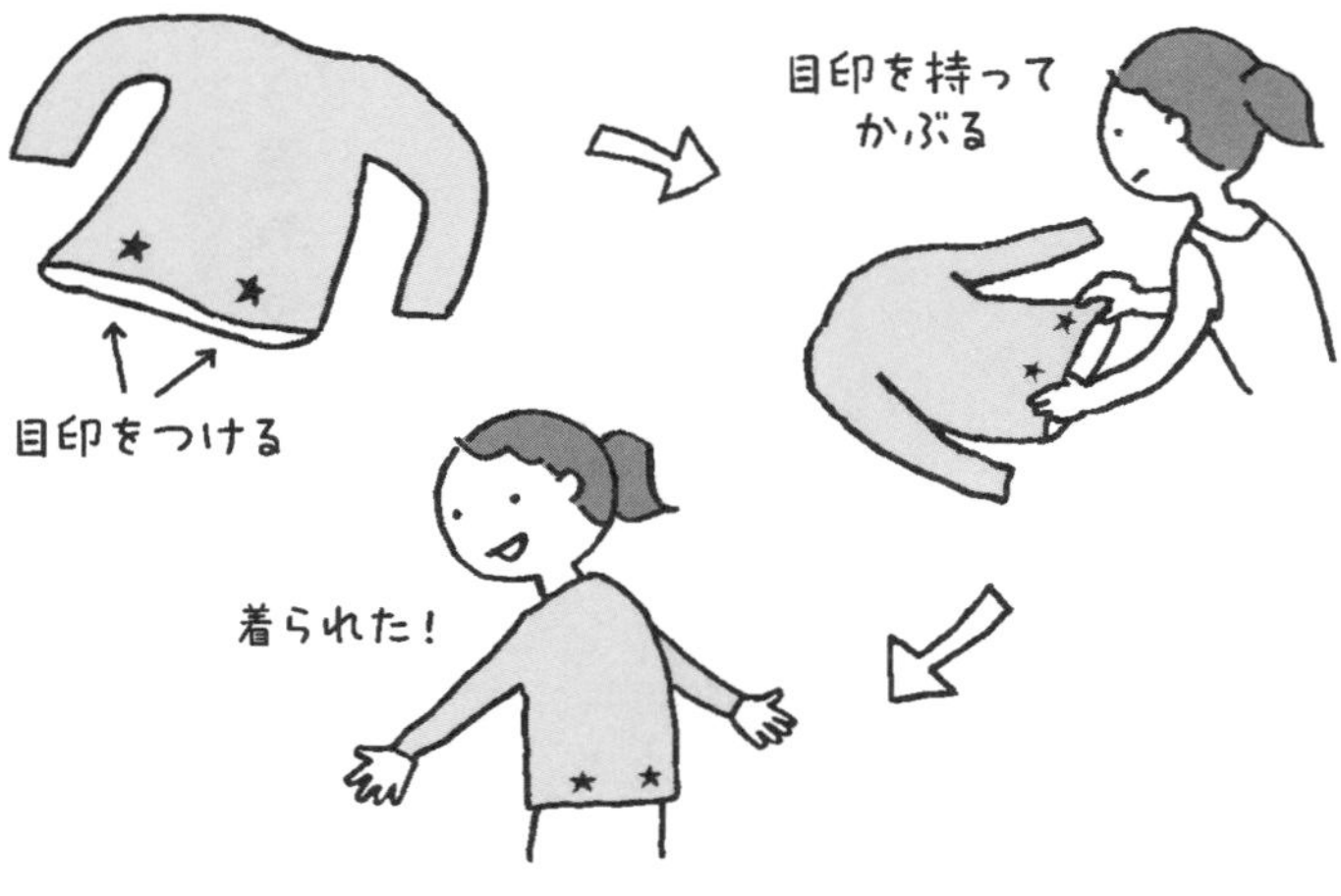

洋服たたみだって できるよ！

着替えができるようになったら、次は「服のたたみ方」の練習です。たたみ方は一度や二度、教えたくらいでは覚えられません。根気よく、何回も繰り返して教えていきます。

たたみ方を教えるとき、「手順表」をつくっておくと、スムーズにできるようになります。たたみ方の順番にそって事前に写真を撮り、紙に並べます。その手順表を見せながら、たたみ方を練習します。その場合は、子どもが一番好きなTシャツを

●服のたたみ方

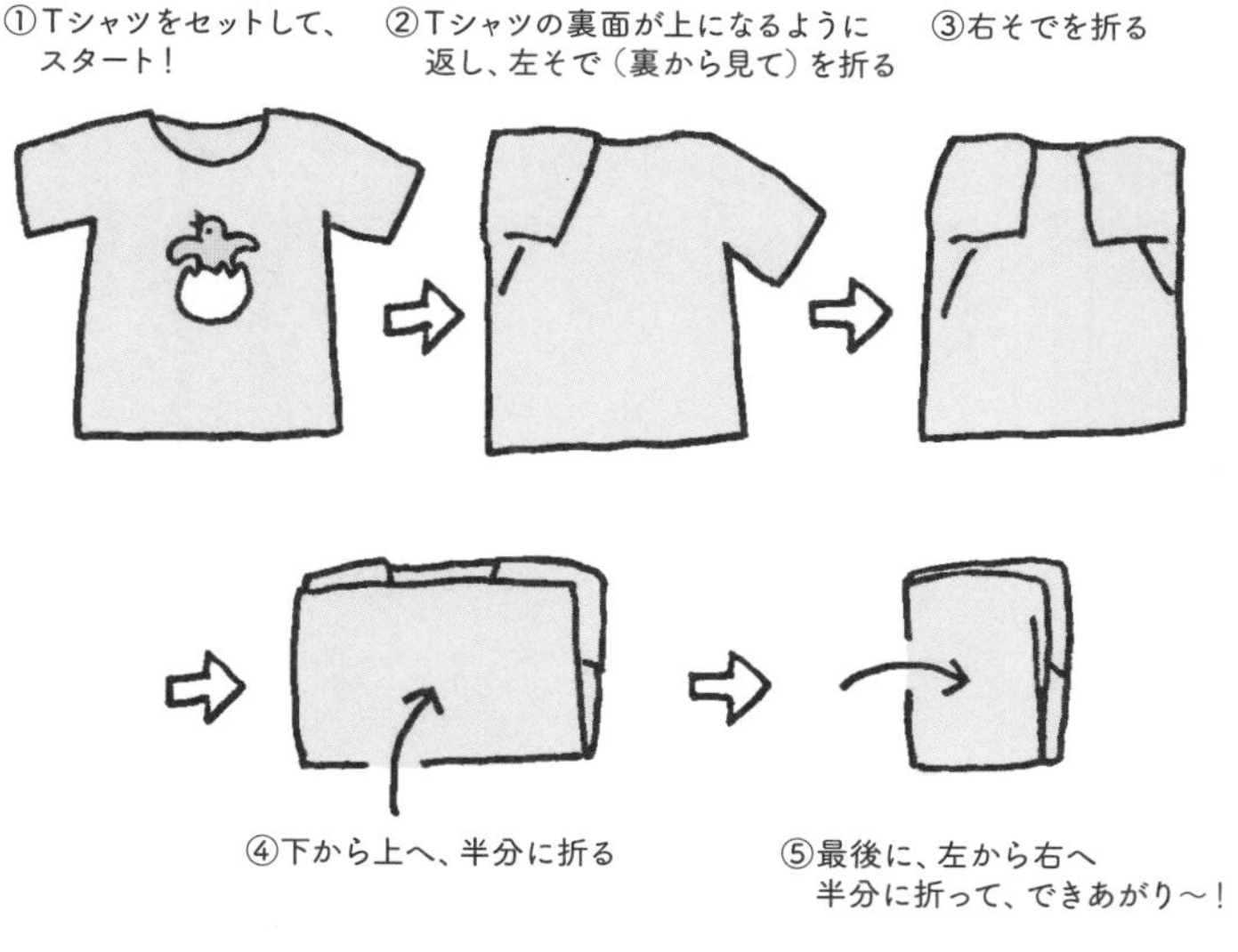

①Tシャツをセットして、スタート！
②Tシャツの裏面が上になるように返し、左そで（裏から見て）を折る
③右そでを折る
④下から上へ、半分に折る
⑤最後に、左から右へ半分に折って、できあがり～！

使うといいでしょう。

この手順表を見て、何度も練習をします。自分のお気に入りの洋服だし、写真もあるのでやる気満々です。たためたら「できたね！　すごいね！」と褒めます。

「じゃあ、お母さんやお父さんの服もたたんでくれる？」とお願いして、たためたら「**ありがとう、助かるわ**」と笑顔で言うと、やる気がさらにアップします。「継続は力なり」で、身辺のことが１人でできるようになっていきますよ。

4

無理強いせずに「おいしそうだよ、ひとくちどう？」

――偏食の原因を探り、食事の時間を楽しく

■「おいしいよ、食べてみて！」

食事について、発達障害の子どもには特有の共通点があります。それは、

①なぜ嫌いなのか、理由を言えない

②食感や味、匂いなどに敏感

③外での食事ができない

などです。

①の食べたくないものがあるとき、なぜ食べたくないか、その理由を説明できないことが多いのです。原因はいろいろあるので、**親が探ってあげる**ことが大事です。

1つには、「口の中にいろいろな食べ物が混ざるのがイヤだ」という味覚過敏な子が多く

います。そういう場合は「ごはんを食べ終えてから、次にお豆腐を食べる?」のように聞くと、「うん」と返事をします。「**そうだよね、混ざると気持ち悪くなるよね。だったら、1つ食べきってから次を食べようか**」と、共感を示してあげると、笑顔になります。

原因がわかったら、たとえばカードに**①ごはん、②カレー、③野菜サラダ、④スープ**のように、食べる順番を子どもと決めておきます。**自分で決めて、納得さえすれば、子どもは食べ始めることができる**からです。

普通、このように1品ずつ食べるのは「1つ食べ（ばっかり食べ）」と呼び、行儀が悪いとか、偏食のもとになるとされ、栄養面やマナーを考えて「三角食べをしましょうね」と言

食べ物が
混ざるのが
イヤだ
そうだよね。混ざると
気持ち悪くなるね
1つ食べきってから
次を食べようね

われることがあります。でも、それができないときは臨機応変に対応します。**「食べられるものからチャレンジする」ことが先決**です。

おいしそうだよ！　まず、ひとくちどう？

②は、食感、色、匂いに敏感な子が多いことです。とくに大豆、グリンピースなどの「豆類」やコーンなどを苦手とする子どもが多く、「変な匂いがする」と言うのです。「嫌い、食べない」と強く拒絶します。

その場合は「ダメよ、好き嫌いをしちゃ」とは言わず、「そっかぁ〜、いいよ」と言って無理に食べさせません。吐くこともあるからです。それほど「豆は苦手」と頭にインプットされていて、以前食べたときのイメージが頭に浮かんできているのです。

では、いつになったら食べられるようになるのか。そう考えて気をもむ親もいますが、年齢が高くなれば、自然と食べられるようになります。もし、食べられなくても、現在はそれに代わって栄養が摂れるものもありますので、気にしなくて大丈夫です。

もう1つのアイデアとしては、**苦手な食材をそれとわからないように調理する**ことです。そして、「実はね、この中に豆が入っていたんだけど、○○ちゃん、平気で食べちゃったね」と笑顔で教えてあげるのです。そのときはポカーンとしていても、「食べた」ということだけはインプットされます。すると、次に同じものを出してもパクパク食べられるようになることが多いのです。

無理強いせず、**「ごはん、おいしそうよ」**と声をかけると、食事が楽しみになります。

レストランデビューできる日！

③は、外では食事をなかなか食べられないことです。

家ではカレーが食べられたのに、レストランに行くと、同じカレーでも食べられないことがあります。場所、環境の変化に弱かったり、人混みや騒々しさが苦手だったり、家の食器と違うためだったり、ひとくち食べてみたら家のカレーの味とまったく違っていたり（味覚過敏）など、いろいろな原因が考えられます。そんなとき、わが子のレストランデビューが失敗に終わったからといって、焦る必要はありません。

子どもは成長とともに、いろいろな変化に対応できるようになっていきます。**「そうか、これが苦手だったんだ、新しい発見だ～」**と軽く受けとめて、ゆるやかに成長していく子どもを見守りながら、支援者と協力して子育てをしていくことです。親は焦らないことです。

5

片づけマンに大変身する「魔法の言葉」
――やる気スイッチを入れる

片づけができない理由は5つある！

「早く、おもちゃを片づけて！　ごはんだからね」と言っても夢中で遊んでいる子ども。そこで、ついつい「何度言ったら、わかるの？」ともっと大きな声で怒鳴る親。

発達障害児に限らず、子どもはどうして片づけができないのでしょうか？　それには、ちゃんとした理由があるんです。主な理由は次の5つです。

①どこに片づければいいかわからないから
②もっと遊びたいから
③ほかのことが気になり、片づけを途中で放り出してしまうから
④そもそも片づけが嫌いだから

⑤誰に言われているのかわからないから

5つの理由別に、「魔法の言葉」を使った対策をお教えしましょう。

片づけられるようになる「魔法の言葉」と手立て！

1 「どこに片づければいいかわからない」場合

この場合は、片づける箱に、①本、②ブロック、③おもちゃなど、**片づける物の写真**を貼っておきます。すると、子どもにも、何をどこに片づければよいかがわかり、スムーズに片づけられるようになります。片づけることができたら、「よくできたね」と褒めます。褒めることが大事です。

2 「もっと遊びたい」場合

最初に「遊ぶ」時間を子どもと相談して決めます。**「○時まで遊んだら、そのあと、いっしょに片づけをしようね」**と約束をします。もし、時刻が読めなかったら、タイマーをかけて終わる時間を知らせます。時間に気づいたら「よく時間に気がついたね、さあ、いっしょに片づけようね」と、声をかけます。

ここで大事なのは、最初は「いっしょに片づけてあげること」です。なぜなら、子どもは

また遊びたい誘惑にかられてしまうからです。そこで片づけをする習慣が身につくまでいっしょに片づけます。

次に大事なのは、**「あとは、任せたよ」**と徐々に手を引いていくことです。片づけができたら「えらかったね、よくできました」と、また褒めます。

3 「ほかのことが気になり、片づけを途中で放り出してしまう」場合

この場合も最初は、「いっしょにお片づけしようね」と声をかけます。そしてほかのことが気になる前に、**「片づけ競争だ！　ヨーイどん、1番は誰かな？」**と言うと、子どもは負けたくないので、せっせと片づけに集中します。できたら、「1番だ！　すごい！」と褒

めると、次回も「片づけマン」に変身します！　片づけ競争というゲームに誘い込むことで、ほかのことに気をそらさない子どもに成長します。

4「そもそも片づけが嫌い」な場合

誰でも片づけは嫌いです。小さい頃はとくにそうです。でも、片づけをすると何かいいことがあるとなると、子どもにとっても話は別です。そこで、最初に「**片づけが終わったら、おやつを食べよう**」とか、「**片づけが終わったら、公園に行くよ**」など、子どもが好きなことを予告しておくと、やる気スイッチが入ります。

できたら「早い！　えらい！　さすが、〇〇ちゃん！　大好きなおやつを食べようね」と褒めてあげると、次回も片づけマンに変身します。

5「誰に言われているのかわからない」場合

子どもの場合、とくに何かに夢中になっていると、自分に言われていると気がつかない場合が多いのです。そんなときは、**子どもの目をしっかり見て**（キミに言ってるんだよ、とわからせるため）「**おもちゃを片づけようね**」と声をかけます。笑顔で「片づけの時間だよ〜」とやさしく言ってあげると、ぼんやりしていた子どもにも伝わります。１人で少しずつ片づけられるようになるまで、いっしょに片づけを手伝います。

やる気がなくなる、言ってはいけない言葉

やる気スイッチを入れる「魔法の言葉」を紹介しましたが、逆に、次の言葉は絶対に言ってはいけない「タブーの言葉」「禁句」です。

×「次からは、もっと早く片づけなさいよ」
×「今度は、言われなくても片づけるのよ、できてあたり前なんだから」
×「なんだ！　やればできるじゃない、いつもちゃんとやってよね！」
×「いつもこうだといいんだけど……。しっかり片づけてね」

こんなふうにイヤミを言われると、せっかくがんばって片づけたのに、「もう、片づけなんかするもんか」と思ってしまいます。

子どもが片づけをしたときには「タブーの言葉」ではなく、

「○○ちゃん、片づけができて、すっご〜い、えらいね！」

などの**やる気スイッチを入れる「魔法の言葉」を使う**ようにしてください。

6

注意は短く、具体的に！
——目と目を合わせて、簡単に伝える

子どもの場合、ケンカは日常茶飯事です。さっきまで仲よく遊んでいたのに、ちょっとしたことで友だちと口論になります。発達障害の子どもの怖いのは、腹が立つと、急に外に飛び出していってしまうことです。親は「勝手に飛び出してはいけないよ」と注意をするのですが、子どもは興奮しているので聞く耳をもたず、奇声を発したり、怒鳴り散らしたりします。

短く、目と目を合わせ、具体的に伝える！

こんなときの対処法としては、少し**クールダウンするのを待つ**ことです。その後の対応として、何が大事で、何がNGでしょうか。

第一に、注意が長いのはNGです。第二に、過去の話をもち出すのもNG！　大事なこ

と、それは「どうして外に飛び出してはいけないのか」をわかってもらうこと。そのためには、「**簡単な言葉で、目と目を合わせ、具体的に、短く話す**」の4点が大切です。「急に外に出ると、クルマにひかれてしまうんだよ」「大好きな○○ちゃんのことを心配してるからなんだよ」と、イメージが伝わる話し方をすると聞いてくれます。

子ども自身が自分の行動を振り返って、「クルマにぶつかるとケガをするから」「お母さん／お父さんが心配するから」「そうか、もう飛び出さないようにしよう」と答えたら、**やってはいけないことが頭にインプットされた証拠**です。もう、急に飛び出したりしません。

「どうして外に飛び出してはいけないのかな？」とやさしく質問し、子どもが自分で答えるのを待ってあげます。口ごもっても、話し方がわからないだけなので、繰り返し教えてあげま

●話し方マニュアル

1. 簡単な言葉で話す
2. 子どもの目を見ながら目の前で話す
3. 具体的に話す（抽象的な言葉「ちゃんと」「しっかり」などはNG!）
4. 穏やかに、短く話す（大声はNG!）

心配しているからなんだよ
そうか。気をつけよう

す。「急に外に出ると……?」と、親の言葉に続けて答えてもらうようにすると、子どもも覚えられます。自分で言えたら、「よくわかったね、えらいね」と褒めましょう。

その後、道路にさしかかった際、「ここは危ないから飛び出さない……だったよね!」とインプットを強化すると効果的です。

「絵カード」など視覚サポートを使って、コミュニケーションする

「簡単な言葉で短く」伝えると言いましたが、発達障害をもつ子どもに何かを伝えるときは、言葉だけよりも、視覚を利用したほうが伝わりやすい場合があります。

日々、子どもを観察していて、

- **目で見たほうが理解しやすい**（話すだけでは伝わりにくい）
- **言葉や文字だけでなく、写真やイラストがあると理解しやすい**
- **複数の手順を覚えておくのが苦手**（わからなくなるとパニックを起こす）

といったことがあるなら、視覚サポートを使うといいでしょう。

視覚サポートでよく利用するのは「絵カード」です。イラストとイラストを表わす文字が書いてある小さなカードです（たとえば、りんごのイラストと「りんご」という文字）。知育カード

としてさまざまな種類のものが市販されています。

絵カードなどの視覚サポートを使うと、

・「指示」を伝える（「ごはんを食べて」「着替えて」など）
・「手順」を示す（今日の予定を絵カードで並べて見せる）
・子どもが「意思」を伝える（「トイレに行きたい」「りんごを食べたい」など）

といったことが比較的スムーズになります。

たとえば、発達障害の特徴のある子どもは予測がつかないこと、突発的なことに強い不安を感じ、不安が強くなるとパニックになります。**今日の予定や何かをするときの手順を、あらかじめ絵カードで示して説明しておく**と、子どもは把握しやすくなるので、不安がぐんと減るのです。

言葉で意思を表示するのが苦手な子どもも、絵カードを使えばコミュニケーションしやすくなります。たとえば「トイレに行きたい」と言い出せない子どもも、「トイレ」と「行く」という絵カードを表示し、「トイレに行きたい」と伝えることができるのです。

また、手を洗い始めると途中でやめることのできない子には、事前に両手の平、左手、右手の甲を何回洗えばよいかを示した絵カードを見せておき、洗いながら再度見せると洗うのをストップできるようになります。

絵カードを使った指示を子どもができたら、「よくできました！」と褒めましょう。小さなことですが「できて当然」とせず、「できたら褒める」を繰り返すと、子どもは次からどう行動したらいいかをイメージしやすくなります。

絵カードには市販以外にも、無料で自作できるサイトや、便利なイラストやアイコンを無料でダウンロードできるサイトもあります。子どもの年齢や必要な行動に合わせて、家庭でよく使う指示などの絵カードを自作してみるのもいいでしょう。つくり方のポイントは「情報はシンプルに！」です。1つのカードに複数の情報を入れないようにしましょう。

7

言われたらイヤな気持ちになる言葉の教え方
――その言葉、なぜNGかな？

相手の気持ちを考えず、すぐに口に出してしまう！

道を歩いているときに、子どもが何の悪気もなく、「あの人、太ってるね」と言ってしまうことがあります。同様に、友だちの描いた絵を見て「変な絵だなぁ」と言ってしまい、相手の子を怒らせたり、あるいは泣かせたりと、トラブルが絶えません。

当の本人は思ったことを素直に口に出しただけなので、どうしてトラブルになったのかがわからず、きょとんとしています。このように、とくに発達障害の子どもの場合、「言われた相手の気持ちを想像する」ことがなかなかできないので、相手を傷つけてしまったり、怒らせてしまったりすることがしょっちゅうあります。

なぜ、言ってはいけないのか？

発達障害の子どもは、**相手の表情を見て、その気持ちを推し量ることは**苦手です。そこで、**なぜ、その言葉がいけないのか、その理由を伝える**ことから始めます。

「ねぇ、太っている人がいて、気にしているとするでしょ。それなのに、『太ってる〜』と言われたら、その人はどう思うかな？」と話してみます。「きっと、悲しくなるでしょ。だったら、『太ってる』なんて言葉は言わないほうがいいよね」と伝えてあげることです。相手がいやがる言葉、よくない言葉を教えていきます。

言ってはいけない言葉は「見える化」する

①怒った顔をしたり、声を荒げて言うのはNGです。「叱られている！」と思い、言葉が入っていきません。前節でも述べたとおり、「静かな声で、穏やかに、ゆっくりと！」がコツです。そして相手の目を見て、短い言葉ではっきりと話します。

②文字が読める子どもには、言われてイヤな言葉をいくつか紙に書いて見せます。そして、「自分が言われたらイヤな気持ちになる言葉だな」と気づかせていきます。

(例) 太ってる、頭が悪い、ブス、ばか、へた、のろま、足が短い、汚いなど。

言われてイヤなことは
言わないでね
太っている
頭が悪い
ブス　バカ
へた　のろま
足が短い
汚い
言われたら
イヤだな
絵の中の子は
どんな気持ち？
泣いている

③まだ文字の読めない子どもには「絵カード」を見せます！

「言われた子どもは、どんな気持ちになるかな？」と問いかけ、悲しそうな顔の表情の絵カードを見せて「泣いてるよ」と気づかせます。「絵の中の子ども、泣いてる」と言えたら、「そうだね、よく気づいたね、今度からは言わないようにしようね」と話します。

（例）泣いてる、困ってる、怒ってる、悲しそう……などの絵、写真。

すぐに謝れるように練習する

相手を傷つけて、怒らせてしまったときは、「ごめんなさい」「もう言わないよ」という言葉がすぐに出るように、親子で練習していきます。

トラブルが発生したときの様子を思い出しながら、自分の言った言葉を振り返ります。そして、**「相手の子どもはどんな表情だったかなぁ？」「そのあと、どうなったかなぁ？」**と絵カード（悲しそうな顔など）を見せ、文字で書きながら、思い出していきます。

「その言葉は言わないほうがよかった、悪いことをした」と思い返すことができたら、「相手の子に『ごめんなさい！』と謝ることが大切なんだ」と気づかせていきます。

「泣いちゃったら、なんて謝ればいいかな？」と子どもに聞いて、「ごめんなさい」と言う練習をします。「ごめんなさい」って言えたら、褒めます。**「もし逆に、自分がその立場だったらどう思う？」「その言葉を言われたら、どう感じる？」**……と、何度もさまざまな場面を思い出しながら、練習をしていきます。

このような経験や練習を積んでいくうちに、「自分も言われたら、イヤだな」と徐々に相手の立場を理解できるようになり、ほかの人とうまくかかわれるようになっていきます。

8

「はい」か「いいえ」の質問で会話を膨らませていく

——思っていることを話せるようになる工夫

質問に答えられない子どもはたくさんいます。とくに、長い質問をされると意味が理解できず答えられない、たとえ質問の意味がわかっても不安が強く、自分の気持ちをうまく言葉で表現できない……。

質問されて意味がわからないとき、「わかりません」と言うのは「勇気」のいることです。わからないときに、「わからない」と言える練習をしておくことは大切です。そこでいくつか自信をもてるようになるためのコミュニケーションの方法を紹介します。

答えやすい二者択一で話しかける、そして会話のイメージづくり！

1 「はい」か「いいえ」で答えられる質問をする

「遠足楽しかった？」と聞くと「うん」と答えられます。

② 逆に、「どうだった？」の質問は、抽象的で答えにくい

「遠足どうだった？」と聞くと、何を話していいかむずかしくなります。答えられなかったら、もう少し具体的に「水族館に行ったんだよね。そこで**何を見たの？**」と聞いてあげると、「イルカショー」とか「ペンギン」と答えることができます。

③ 二者択一——その①「Aか、Bか」

「はい、いいえ」に似ていますが、答えが「Aか、Bか」しかない二者択一で聞くと、子どもも返事をしやすくなります。たとえば、「お弁当は**おにぎりにする？　サンドイッチにする？**」と聞くと「おにぎりがいい」と答えられます。

④ 二者択一——その②進化系

これは同じ二者択一に見えて、少し進化系です。次のように聞きます。「お弁当のおかずは唐揚げにする？　それともピーマンの肉詰めにする」と、**わざと嫌いなピーマンの話をもち出します**（ここがポイント）。すると、「ピーマンだけはやめてよ、唐揚げがいい。あ、それとポテトも入れて」と会話が少しずつ、長くなっていきます。

⑤ マネできる会話のサンプルを示す

「今日ね、買い物に行ったら、広場でウルトラマンショーをやってたのよ、その後、ケーキ

を買って帰ってきたよ」と会話のイメージをつかませるために話します。

すると、子どもは自分の体験をもとに、親が話した形に似せて話し始めます。「水族館に行ったとき、イルカショーをやってたよ。あ、ほかにもネコザメに触ったよ」と。そんなときは、「へぇ～、楽しかったんだねぇ」と笑顔で褒め、話しやすい雰囲気をつくります。

6 なぞなぞやクイズ遊び

子どもはアンパンマンが好きです。そこで、「パンでできていて、空を飛べる正義の味方は？」となぞなぞを出して「アンパンマン！」と答えたら、「ピンポン！」と拍手をします。

もし、**わからなかったら、「ヒントをください」と言えばよい**ことを教えておきます。この言葉を何回か練習するうちに、実際にわからないときに「ヒントをください」と自然に言えるようになったら、褒めてあげます。すると、「そうか、わからないときは聞けばいいんだ」とわかり、次からは自信をもって会話できるようになります。

また、「今日のおやつは、おせんべいか、チョコドーナツのどっちだと思う？」と聞くと、子どもは食べたいほう（たとえばチョコドーナツ）をすぐに答えます。「そう思って、チョコドーナツを買っておいたよ」と言うと、「やったぁ！」と喜んで盛り上がります（もちろん、おせんべいも用意しておきます）。

こうして好きなお菓子の話で会話が続くようになると、子どもも会話をすることが楽しくなって自分から話をするようになっていきます。

絵カードを使って伝える

家庭で会話ができるようになっても、学校や外に出ると緊張してしまって会話ができなくなるものです。もし、困っているようだったら不安になる場面ごとに絵カードを用意し、

「わからない」「トイレにいきたい」「忘れた」……

などの練習をします。学校で絵カードを提示できるようになったら褒めてあげます。少しずつリラックスして言葉で伝えられるように練習を重ねていきます。

9

「ダメ！」と「よい行動」はセットで伝える
——「しちゃダメ！」の理由を理解させる

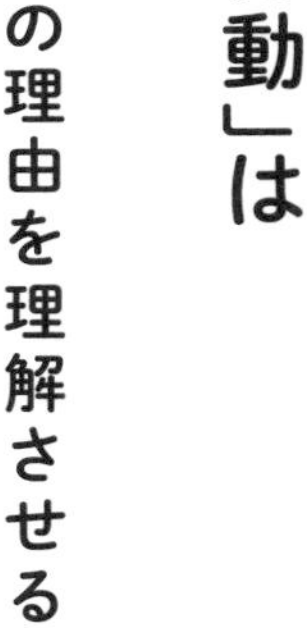

発達障害のある子どもに「おもちゃを触ってはダメ」と言うと、いったん行動は止まります。でも、そのあとにパニックを起こしがちです。なぜかというと、おもちゃで遊びたいのに「ダメ」と言われたため、**どうしたらいいのかわからなくなって、パニックを起こす**のです。そこで、また同じことを繰り返し、もっと強く叱られてしまいます。こうして、反発したり、怒ったり、萎縮したり……。こんなとき、どうしたらいいのでしょうか。

「ダメ！」は「やってはいけないこと」と理解する！

「ダメ！」と言われても同じことをやり続ける場合は、**「ダメ」の反対側の「よい行動」を理解できていない**から、「どうしたらいいのか」がわからなくなるのです。当然、混乱してパニックを引き起こしてしまいますね。

ですから、この場合はただ「ダメ」と言うだけでは足りません。どう行動したらよいのか。**「ダメ」と「よい行動」の2つをセットで伝え、教えてあげる**ことが大切です。

たとえば、「おもちゃは触らないよ、外で遊ぼうね」とセットで伝えます。つまり、

「おもちゃ遊び＝×（ダメ行動）」

「外で遊ぶ＝○（よい行動）」

こうすると、子どもは「外で遊べばいいんだな」とわかります。

真剣に「ダメ」と言っていることを示す

「ダメ」と「よい行動」のセットで伝えても、行動が止まらないことがあります。次々

とおもしろそうなおもちゃを見つけてしまったようなときです。そんなとき、「言い聞かせよう！」として大きな声で叱ってしまうと、子どもはますます反発します。

危険な行動や時間の都合などで「ダメ」を強く伝えたいときは、子どもの前まで行って、真剣に目と目を合わせて「いまは、おもちゃはダメよ」とはっきりと伝えます。笑顔をつくって曖昧《あいまい》な態度で注意すると、子どもは「ダメって言ってるけど、笑ってる。そんなに怒ってないみたい」と誤解して、いつまでもやめません。

「**言葉は短く、伝えたいことのみを、目の前まで行って、はっきりと伝える**」――すると、親の真剣さが子どもにもちゃんと伝わり、子どもは自分の意志でやめることができます。

10

服装は子どもといっしょに考えて選ぶ
——服装選びは将来の自立生活の基礎

服装選びの失敗談！

人に「よい第一印象」を与えるには、身だしなみから始める必要があります。そのためには適切な「服装選び」が大切なのですが、ここで「子どもの自主性」をもち出す母親が多いのです。それがもたらす、危険すぎるほどの失敗例をいくつか見ていきましょう。

（事例1）体温調節ができず、倒れる一歩手前に

「子どもの自主性を大切にしているので、自分の服は自分で選ばせています」と言うお母さん。ある日、気温25度の夏日に、Aさんは顔を真っ赤にし、額から汗をしたたり落としながら登校しました。セーターを着て登校してきたのです。

担任の先生はすぐに熱中症を心配し、「水筒の水を飲もうね」と声をかけ、濡れたタオルを用意して額にあてて対応しました。少し落ち着いてから、「どうして、セーターを着てきたの?」と聞くと「このセーターが好きなの」とAさん。

子どもに「自主性」をもたせるのは大切ですが、子どもの判断がまだ十分でないときには、母親が最低限のアドバイスをする必要があります。

どうしてセーターを着てきたの?
このセーターが好きなの
今日はセーターだと暑いよ
そうか

(事例2)超ドハデなネクタイ?

今日はいよいよ、Bさんの就労面接の日です。彼は紺色のスーツで面接に臨もうとしていましたが、ネクタイが白地に真っ赤な花柄で、超ドハデ。たとえお気に入りのネクタイだったとしても、就労面接では相手にマイナスの印象を与えてしまいます。

母親は、本人任せだったので気づいていませんでした。担任の先生が機転を利かせてネクタイを貸してくれ、何とか面接に臨むことができましたが、冷や汗をかきました。

自主性を育てることは大切なことですが、「本人任せ」とは違います。TPO、つまりTime＝時、Place＝所、Occasion＝場合（ケース）という「時、所、場合に合わせて服装を選ぶ」ことが大切で、それをさまざまな機会ごとに教えることで、社会性が身についていきます。本人のお気に入りであっても、暑い日にセーターやジャンパーを着るのは危険です。

適切な服装選びをするための3つのルール！

では、どのようにして「服装の基本」を育てていけばいいのでしょうか。以下の3点に気を使いながら服装選びをしていくとよいでしょう。

①気温や季節から服装を選ぶ

②TPO、つまりTime＝時、Place＝所、Occasion＝場合（ケース）に応じ

て服装を選ぶ

③選んだあと、着方、身だしなみを整え、清潔さを考える

①は命の危険にもつながることです。②は人からどう見られるか、社会性、協調性を育てることにつながります。ここまでは「こういうときは、こうする」とルール化して覚えておけば対応できることです。

問題は③です。いくらＴＰＯに合わせた服を着ても、すそがだらしなく出ていたり、襟《えり》が曲がっていたり、洋服が汚れていたりしたら、台なしです。

高価なものである必要はありません。洗濯をしたこざっぱりした服を、「きちんと着こなす」ようにする。そのためには子どもの頃から、コツコツと服選びや着こなしを身につけていくことです。それが**将来の社会生活での自立につながっていく**のです。

「人は見た目から入る」のは、子どもに障害があるかないかに関係なく同じです。ただ、身ぎれいにしていると、障害のある子どもでも声をかけてもらいやすくなります。

私はいつもお母さんたちに、「身なりは大事ですよ、いっしょに服を選んであげてくださいね」と伝えています。こだわりのある子は「これを着たい！」と手ごわく、「わが子と格闘しています」という相談も多いのですが、身につくまでは親のアドバイスが必要です。

左の表は、学習プリントを無料でダウンロードできる「ぷりんときっず」(https://print-kids.net/)にある「天気予報から服を選ぼう」の表です。この表を参考にして、気温や季節に適した服装を子どもといっしょに選んでいきましょう。

●子どもといっしょに服装選び

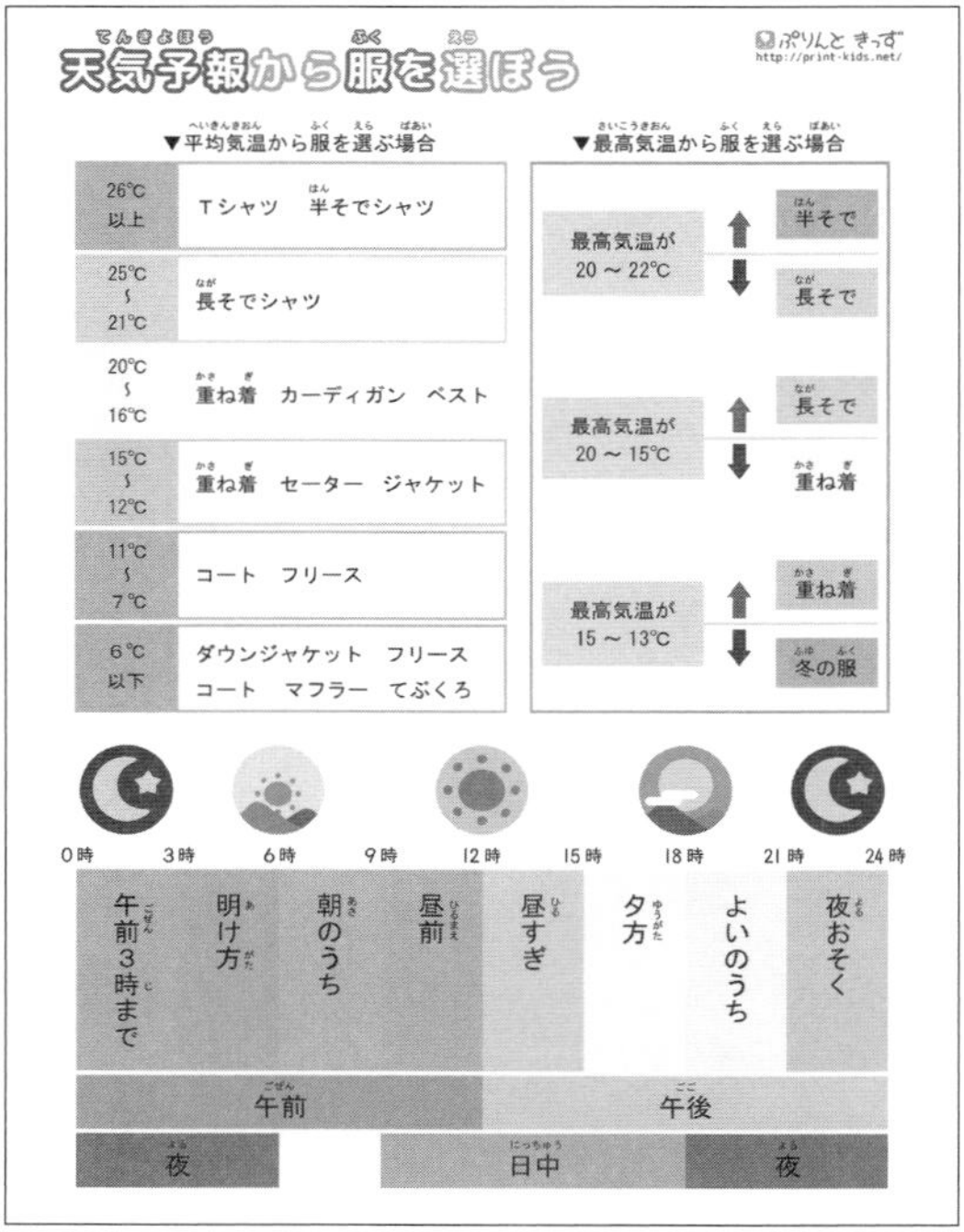

「ぷりんときっず」より

もちろん、一朝一夕《いっちょういっせき》では身につきません。長い年月をかけて、①から③のことを考えながら子どもと服装選びをしていくことが大切です。

4章

家庭での支援と“魔法の言葉がけ”【上級編】

前章では、家庭で教えておきたいルールの基本を見てきましたが、この章では、同じく家庭で身につけておきたい時間感覚、買い物の練習、電車に乗る準備、ケガをしたときのための対応、知っておきたい身体の部位の名前など、上級編を見ていくことにしましょう。

1

お手伝いができたら「スタンプ・ポン！」

——「できた！」で育む子どもの自信

「お手伝い」で褒める！

発達障害のある子どもの親は、「この子が自分の好きなことを見つけ、自信をもって働ける仕事に就いてほしい。できれば、長く続けられる仕事に」と願います。

「給料をもらって、自立して生活してほしい」「仕事ができるようにしっかり育てなきゃ！」と、わが子の寝顔を見ながら思います。

それを実現させるためには、**自分でできることを増やし、「できた！」と本人に自信をもたせながら、自己肯定感を少しずつ育てていく**ことです。

子どもにはそれぞれ個性があります。運動が得意、歌うことや絵を描くことが好きなど、子どもの得意なこと、好きなことを見つけてあげて、自分がもっている力を伸ばしてい

自立できる
おとなに
なってほしい！
ちゃんと
たためたよ
すごいね！

くことが子どもの自信につながっていきます。そのために必要なことは、もう何度もお伝えしてきましたが、「**褒めてあげること**」です。親から褒められることで、どんなストレスもうまく付き合って解消していく力が備わっていくからです。

子どもは褒められることで、「やる気スイッチ！」が入ります。そして、家庭の中で一番、褒めて育てることができるのは「お手伝い」です。

小さい頃からお手伝いを続けている子どもは働く姿勢が身につき、将来、働くときにもいろいろな作業や仕事をいやがらず、根気よく続けられる力が備わっています。

「ありがとう、よくできたね」と褒められ

たり、「〇〇ちゃんのおかげで助かるよ、またお願いね」と必要とされたりすることで、「自分は役に立っている！」という喜びと満足感が得られ、明るく素直な子に育っていきます。

お手伝いを決める！

子ども、とりわけ発達障害の子の場合、お手伝いは苦手です。お手伝いを頼まれても、見通しがもてない、予測がつかないと不安になるからです。けれども、**パターンやルーティンが決まっていて慣れてくれば、誰よりも正確に取り組めます。**ルーティン化しやすい手伝いには、次のようなものがあります。

ルーティン化しやすいお手伝い

- ハンカチ、タオルをたたむ
- 乾いた洗濯物を物干しから外す
- 洗濯物をたたむ
- たたんだ衣服を家族ごとに分ける
- 玄関のくつを揃える

・新聞をとってくる
・食事の前にテーブルを拭く
・配膳の準備をする（食卓にお皿を運ぶ、お箸を並べる）
・食べ終わった食器を流しに下げる
・布団を敷く
・植物に水をやる
・ペットにえさをあげる
・ごみ出しをする

どんなことも「これを頼むのは無理かなぁ」と最初からあきらめるのではなく、たとえできなくてもチャレンジしてやらせてみることが大切です。

最初は少しずつ、親も手伝ってあげながらいっしょにやっていきます。できるたびに**「すごいね！　できたね！」と成果をフィードバック**します。そして「手伝ってくれてありがとう！」と感謝を伝えると「やる気スイッチ！」が入ります。

慣れて要領がわかってくると「スイスイ～」とできるようになります。「こんなにできる子だったんだ！」とわが子の成長を見ることができてうれしくなります。

いつも笑顔で「お手伝いしてくれると、とっても助かるわ。これからもお願いしま～す」と明るく声をかけると「は～い、いいよ」と会話も弾みます。ポイントは「笑顔で褒めること」です。

継続する力を育む「お手伝いスタンプカード」

もう1つ大事なことがあります。それはお手伝いを「継続すること」です！

毎日、お手伝いすることを約束してもらい、お手伝いができたらスタンプを押すようにすると、子どももお手伝いを継続しやすくなります。

①約束は「毎日お手伝いします！」（年間通して土日も祝日もお手伝い）。

②お手伝いしないときは、病気、出かけているときだけです。

③1か月分ぐらいのスタンプを押せるカードに毎日スタンプを押します。

スタンプを押すときは笑顔で「ありがとう」と褒めてあげると、大喜びで次の日もがんばれます。「継続は力なり」です。コツコツと、あきらめず、お手伝いをやり通すことの大切さを体験させてあげてください。

● お手伝いスタンプカード

手作りがむずかしければ、市販されているお手伝いカードやネットから無料のものをダウンロードして使う方法もあります。

2

「時間どおりだね！」で時間感覚を育てる
——日々の予定をスケジュール化する

時間を意識しよう！

子どもは、目の前におもしろいことや、楽しそうなことがあると夢中になってしまい、その結果、予定していたことが終わらなかったり、遅れてほかの人に迷惑をかけたりします。

そこで、テレビは録画してほかの時間に観ること、ゲームは「帰宅してから〇分だけ」と約束をして時間を守ること——この**「時間感覚」を早くから育てていくこと**が大事です。

「時間感覚」を身につけていくには、朝のスケジュールをこなすことから始めます。

朝起きて、①着替えをする、②顔を洗う、③朝ごはんを食べる、④歯磨きをする、⑤トイレに行く——そして出発する、などのスケジュールに時刻を入れていきます。

朝のルーティンを表にして、目で見て確認していけるようにすると、子どもの朝の行動

●朝のスケジュール

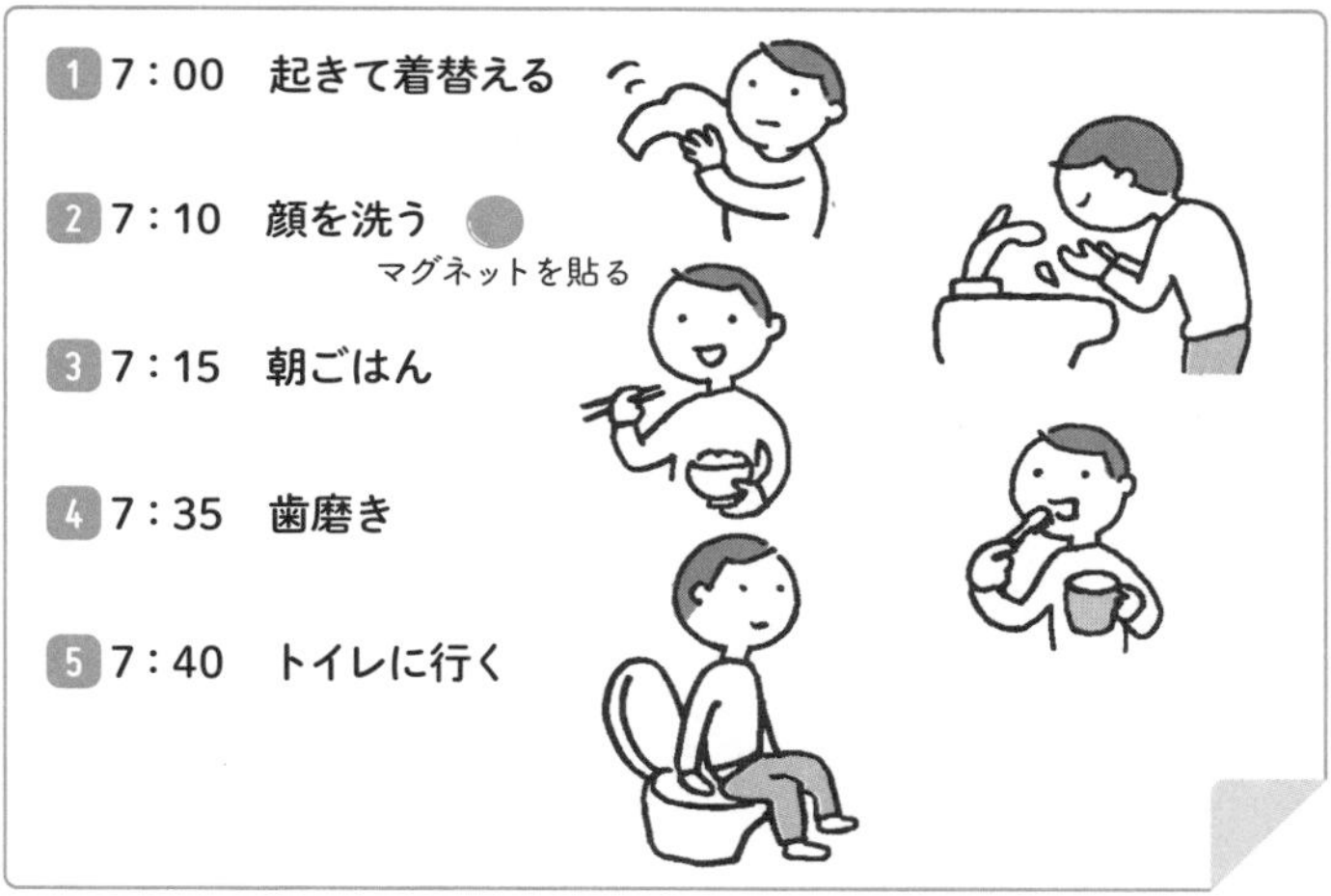

がスムーズになります。それでもうまくいかない場合は、図のようにホワイトボードにスケジュールを書いておき、子どもができたらマグネットを貼っていきます（マグネットは「できた印」）。すると、子どもにも「次に何をやるか」が見えるので、時間を意識して行動できるようになります。

朝の食事や歯磨きに時間がかかりすぎると、家を出る時間が遅れてしまいます。すると、登校班の集合時刻に間に合わなくなり、みんなに「遅いよ、早く来いよ」とブーイングを受けてしまいます。遅刻が常態化すると、不登校の原因にもなってしまいます。「時間を守れる」ようになることは、子どもの生活に大きな影響を与えるのです。

やることの優先順位をつける

何を必ずやらなければいけないのか、それは何時までにしなければいけないのか、その作業にどのくらいの時間がかかるのか。これらのことに見通しをもって行動することが大切です。

そのためには、親が**タイマーを使って、朝、やることの始まりや終わりの時刻を教えると**いいでしょう。急いで行動する経験を積み重ねること、それが「時間感覚」を身につけていく練習になります。

時計を意識し、決められた時刻に間に合うように行動できるようになると、周りの人との関係もよくなり、「時間を守って行動することが大切だ」と意識できるようになっていきます。

時間どおりに行動できたら、「すごいね、○○ちゃん、時間どおりね」と褒めてあげましょう。

もし遅れても叱ったりせず、**「惜しかったね、あと5分早ければ間に合ったよ。明日はきっと間に合うよ」**と肯定的な言い方をして背中を押してあげることです。

社会に出てからは「時間を逆算して見通しを立てること」が必要になってきます。小さい頃から時間配分することを習慣化しておくと、それができるようになります。そのためには、「**いまやらなければいけないことの優先順位**」をつけていくことです。

ここで、1点だけ注意が必要です。それは発達障害のある子どもの中には、逆に、時間どおりに行動しないと情緒不安定になる子もいることです。その場合は、最初に、「時間に幅をもたせること」を伝えておくことが大事です。

3

「おこづかい帳の残高はいくら？」
――お金の価値を知って、管理力を身につける

お金の大切さを知らないためか、発達障害の人の中には、コンビニでおにぎりを1個買うのに1万円札を出して、お釣りをほとんど確認もせずに財布にしまっている人を見かけます。

また、「お金、貸してよ」と言われ、自分としては友だちからのお願いと思っているので断ることができず、貸してしまったり、おごってしまったりして、おこづかいがなくなってあとで泣きべそをかいている姿もよく見かけます。

こんなことにならないためにも、早くから**お金の価値を知って管理できる力を身につけることが必要**です。たとえ友だちや兄弟であっても「お金の貸し借りはしない」と、親子で決めておくことが大切です。

〈ホップ〉財布を使って買い物してみよう！

買い物体験の第1段階

最初は、財布に紐をつけて首からぶら下げて買い物体験をします。自動販売機のジュースを買ってみたり、スーパーでお菓子を1つ買ってみたりしてチャレンジします。

買い終わったら「上手に買えたね。お釣りとレシートはあるかな？」と子どもといっしょに確認します。確認できたら「よくできたね、○○ちゃん、お買い物上手だね」と褒めます。

自動販売機のお釣りを忘れずにとること、財布の口はすぐに閉めることなどを経験して、**「お金は大事なもの」という感覚を育て、**お金に馴染んでいきます。

買い物体験の第2段階

買い物に慣れてきたら、バッグを持って買い物に行きます。財布はバッグの決まったところに入れます。そして、「財布は大事なものだから、使うとき以外は出さないこと」を約束します。

帰宅したら「財布はあるかな？」と親子で確認します。

「お釣りは○円です、レシートだよ」と子どもが言ったら、「よくできました、お買い物ばっちりだね」とハイタッチして自信が出てくるように大げさに褒めます。

〈ステップ〉おこづかい帳を使ってお金の管理をするよ！

子どもの発達段階に合わせて、週ごとや1か月ごとに計画的にお金を使う練習をします。親といっしょにおこづかい帳に日付、もらったお金、買ったもの、使ったお金、残額を記入し、金額を合わせるために電卓を使って計算します。

おこづかい帳に記入したり、残額を合わせたりするのは、子どもにとっては面倒くさい

● おこづかいちょう

日づけ	もらったお金	かったもの	つかったお金	のこったお金
4がつ11にち	500円	ジュース	130えん	370えん

ことです。でも、そう思わせないように、「残ったお金はいくらかな？」「よくできました。○円、残っていてぴったりだね」と褒めてあげ、お金を管理することの大切さをていねいに教えます。

〈ジャンプ〉予定に合わせてお金を分けよう！

お金をすぐに使いきってしまうと、次にお金をもらうまでは、何も買えないことがわかります。欲しいもの、必要なもの、買いたいものがあるときは、いくらぐらいで買えるのかを親と相談しながら、封筒に分けて入れていきます。

お金がなくなると、買いたいものが買えな

お金がなくなると
買いたいものが
買えなくなっちゃうよね。
袋に入れておこうね
お誕生日
プレゼント代
800円
おやつ代
500円
本代
1000円

くなることがわかると、「このお金は使わないでおこう。おもちゃを買いたいから」という言葉が自然に出るようになります。

「じゃあ、袋に分けておこうね」と言い、自分で袋にお金を入れさせて、表に金額と買うものを書きます。

お金の管理はおとなでも簡単ではありません。子どもなら、なおさらです、小さい頃から長い年月をかけて、ゆっくり、ていねいに教えていきます。子どもの年齢や発達段階に合わせて、根気よく「お金の管理」について練習していくこと。それが大切です。

4

電車の乗り方は「復唱」して覚える

――目的地までの切符の買い方から乗車マナーまで

ルールやマナーは復唱して覚えよう！

将来、子どもが独り立ちして生きていくためには、1人で交通機関を利用して職場へ出勤したり、出かけたりすることが必要です。子どものときからできるようにしておくことが目標です。そこで、電車に乗るルールやマナーを子どもに説明します。

まず電車に乗るためのルールを目で見て確認します。

そして、親のあとに続いて、子どもに大きな声で復唱してもらいます。

親1「おおきなこえを……」　↓　子ども「ださない」

親2「はしら……」　↓　子ども「ない」

親3「せきに……」　↓　子ども「ダッシュしない」

● でんしゃにのるルール

1 おおきなこえをださない

2 はしらない

3 せきにダッシュしない

4 てすりにつかまる

親4「てすりに……」 → 子ども「つかまる」

この方法は、ゲーム感覚で楽しくリズミカルに唱えるので、すぐに覚えられます。

唱えられたら、「すごい！　もう覚えちゃったね」「電車にも、1人で乗れるね」とオーバーに褒めます。子どもは「早く乗りたいな」とワクワクします。

次にホームでの待ち方です。電車好きな子は、電車がホームに入ってくると、うれしくなって飛び出してしまうので、事前に注意しておきます。それが次の「まっているときのやくそく」です。

親のあとに続いて、復唱してマナーを覚えます。そのときは**笑顔で子どもの顔を見て、リズミカルに問いかけるように**話します。

親1「じゅんばんに……？」 → 子ども「まつ」

● まっているときのやくそく

1 じゅんばんにまつ

2 せんから、はみでない

3 しずかにまつ

親2「せんから……？」

↓ 子ども「はみでない」

親3「しずかに？」

↓ 子ども「まつ」

復唱できたら、「もう、電車に乗れるね」と褒めます。子どもは待つことが苦手です。それでも、根気よく褒めることで、どんな場所に行っても順番を待てるようになります。

切符の買い方はイメージ・トレーニングで学習

切符を買う手順は、事前に切符売り場や自動改札機の写真を見せて、駅の様子や切符を買って乗るまでの流れを話しておきます。発達障害の子どもの場合、このようなイメージ・トレーニングで「見通し」をもてるようにすることが大事です。

いざ、いっしょに駅に行ったときは、まず切符を買います。親が「子ども1枚」と切符販売機に声をかけます。黙って切符を買うと、何をしているのかわからないからです。そして、子どもに「子ども料金」のボタンの位置を教え、ボタンを押させて切符を買います。鉄道会社の販売機ごとにボタンの位置や形が違うので、いろいろな駅でトレーニングすることが必要です。

次は自動改札機の通過です。改札機に切符を入れて、入れた切符を忘れずにとります。そして、事前に決めてあったバッグのしまうところに入れます。それができたら、「よくできたね、切符が買えたよ、改札機も通れたよ。○○ちゃん、花丸だね！」とハイタッチして笑顔で褒めて自信をもたせます。

最後に、駅で降りる練習です。降りるときも、改札機に切符を入れます。けれども、今度は切符は戻ってきません。子どもがいつまでも切符を待たないように、「降りるときには、切符の役目は終わったのよ。だから、もう出てこないのよ」と、切符が出てこない理由を事前に教えておきます。**子どもは見通しがもてれば、安心してトライ**できます。

ICカードの使い方とポイント

交通系ICカード（スイカ、イコカ、パスモなど）を使う練習もしておきます。ICカードは電車に乗るだけでなく生活に必要なのでゆっくりと教えていきましょう。

ICカードを改札機にタッチすればいいだけなので、切符を買うよりも簡単です。けれども、ICカードでは金額の確認がなかなかできません。そこで、どのくらいの残額があるかをおとなのほうで確認してあげることが大切です。

もう1つ、大きな注意があります。それは「ICカードのなかの金額（残高）がなくなったら、電車に乗れない」という話をしておくことです。そうでないと、自動改札機を出られなくなったとき、何が起きているかがわからず、子どもは立ち往生してしまうからです。実際、「ICカードを持つと、どこにでも自由に行ける」と勘違いして、1人で勝手に出かけてしまって、あとで大騒動になったこともあります。

このような騒動を避けるには、ICカードのしくみを何度も教えておくことと、「お出かけするときまで、預かってあげるね」と話をして、使用するとき以外は持たせないようにすることの2つが大事です。

5

「月曜日の持ち物は？」予定表＋チェックリストで確認

――「忘れ物をしない」は自立に必要な習慣

忘れ物をしなくなる近道は「いっしょに準備をする」こと！急がば回れ！

子どもは忘れ物をすると、学習意欲をなくします。そこで、学校から配布される1週間ごとのおたよりにある予定表を見て、翌日の持ち物の準備をいっしょにします。

週の予定表には、1週間に学習する教科とその日の持ち物が書いてあります。帰宅して宿題をやり終えたら、最初は親といっしょに翌日の持ち物の準備をします。準備する作業がほぼ定着した段階で、次は子ども1人で準備をしてもらいましょう。

こう説明するとスムーズにいくように思うかもしれませんが、とんでもありません。その段階まで到達するには、何年もかかると覚悟しておいてください。その覚悟があると、

● 親子でいっしょに確認する予定表

週の予定表					
	げつ	か	すい	もく	きん
1	こくご	こくご	さんすう	えんそく	さんすう
2	さんすう	さんすう	せいかつ		えいご
3	おんがく	どうとく	ずこう		こくご
4	たいいく	せいかつ	ずこう		おんがく
5	せいかつ	かきかた	こくご		たいいく
じゅんびするもの	うわばき たいそうぶくろ けんばん ハーモニカ きゅうしょく とうばんAはん (マスク)	むしとりかご ながそで ながずぼん かきかたペン	えのぐセット	リュックサック おべんとう すいとう あかしろぼうし	おんどくカード (こくご)

「まだ1人でできないのかな?」と不安になることはなくなります。

週の予定表を「目で見て」準備をする!

では、実際にどう準備をするか、具体的に見ていきましょう。週の予定表は、毎週、「見えるところ」に貼っておきます。時間割を見て、各教科の教科書やノートを用意します。

学校から帰ったらやることも決めておきます。それは、

①親に連絡帳を見せること
②ランドセルを空っぽにすること
③宿題をすること
④週の予定表を見て、翌日の持ち物を順番に

ランドセルに入れていくこと

⑤全部できたら、おやつを食べること

です。これもリストを壁に貼り、できるようになるまで、いっしょに準備をしていきます。

ここで大事なのは、④の「ランドセルに入れる」ときです。忘れ物をしても平気な子もいれば、忘れたことを気にして、帰宅後、怒る子もいます。どちらにしても、持ち物は自分で管理することを覚えてもらいましょう。**忘れ物をしないことは自立に向かうための大切な習慣**です。

予定表を見ながら、翌日の予定を質問して準備を手伝っていきます。

親「月曜日の1時間目は何かな？」

↓　子ども「国語だから、教科書とノートを入れるよ」

親「月曜日の持ち物は何かな？」

● もちものチェックリスト

1 ハンカチ

2 ティッシュ

3 ふでばこ
（えんぴつ5ほん、けしゴム、あかえんぴつ）

4 じゆうちょう

5 れんらくちょう

6 きゅうしょくぶくろ

↓　子ども「うわばきと……」

こうして親子で週の予定表を確認しながら、1つずつ持ち物をランドセルに入れていきます。全部ができたら、「よくできたね、準備名人だね、忘れ物なしだ」「おいしいおやつを食べようね」とハイタッチして褒めます。

忘れ物をした日は、予定表を指差して、**「ここに書いてあったね。明日は忘れ物なしにしようね！」**といっしょに確認しましょう。**失敗したときは習慣を強化するチャンスです！**叱らずに、どうすればよかったかを子どもに考えてもらいましょう。

毎日、持っていくものは「よく見えるところ」に貼り出し、親子でいっしょにチェックをします。

帰宅したら、まず「いえでやることリスト」をチェック！

大事なことは、家に帰ったら貼ってある「いえでやることリスト」を「もう1回、確認してから行動する」ことです。このときもいっしょに見ること、そして、**「1つひとつ声に出して」**確認していきます。電車の運転手や車掌がやっている「指差確認」と同じです。指差確認をしていると、モレがなくなります。

できたら「よくできたね」とフィードバックしましょう。できることが増え、見通しがもてるようになると、1人で自信をもって行動できる子に育っていきます。

●いえでやることリスト

1. れんらくちょうをみせる
2. ランドセルをからっぽにする
3. しゅくだいをする
4. あしたのじゅんびをする
（ランドセルに教科書や持ち物を入れる）
5. ぜんぶおわったら、おやつをたべる

月曜日の持ち物は
何かな？
じかんわり
よてい表
うわばきと
……

6

「どこが痛い？」は身体のイラストで覚える

——痛いところを伝えて、自分で対処する

全身をよく見て「ケガ」に対処する！

発達障害のある子どもの場合は、痛みの感じ方が鈍いこともあれば、逆に過敏なケースもあります。ですので、ふだんから子どもの様子をじっくり観察しておくことが大切です。子どもが泣いたり、食欲がなかったり、不機嫌だったりの**原因が精神的に不安定なことからくるのか、身体の痛みからなのか**、それを親が見極めます。

「どこが痛い」と答えられない場合は、全身を見てケガをしていないかを確かめます。たいしたケガでなくても、自分の血を見て大騒ぎし、「絆創膏《ばんそうこう》を貼って」とせがむ子どももいます。そのときは絆創膏をすぐに貼ってあげると気持ちが安定します。

絆創膏を貼ったあと、その部位が気になって絆創膏をはがしてしまう子どももいます。

このときはバイ菌が入らないことが大事なので、「直接触るのは×よ」と手でサインを送ります。

ケガに執着して、イライラして不安定になることもあります。その場合は遊びやほかのことで気を紛らわせるようにします。

痛みを伝えるため「身体の名前あてっこ遊び」をする

親がケガの場所を探すのではなく、子ども自身が「膝をすりむいた」などと言えるようにしたいものです。そのためには、身体の痛い場所を言えるようにしなければいけません。

次の方法をやってみましょう。

まず、親子で身体の部位の絵を見て、「**身体の名前あてっこ遊び**」をします。正解したら、「ピンポン」と言って褒めます。お風呂に入って裸でいるときにも、「身体の部位の名前と場所クイズ」をして遊び感覚で覚えていきます。

毎日、少しずつでいいので、「腕、脇、肘《ひじ》、肩、

脚、太もも、ふくらはぎ、かかと、足の裏、膝《ひざ》、お腹、胸、背中、頭、顔、耳」などの名称を覚えていきます。

親がお腹を触りながら「お腹、ゴシゴシ！」と言うと、子どもは「ゴシゴシお腹！」と言いながら、マネして洗います。身体を洗いながら、それぞれの名前を声に出して楽しく覚えていきます。最後に「よくできました」と褒めるのを忘れずに！

簡単な対処なら、自分でできるようにしていく！

ケガをしたとき、その場所を触って教える、身体の名前を言って伝える——その次のステップは「自分で対処する」です。傷口をどう洗うか、消毒はどうするか、絆創膏の貼り方など、子どもが自分でできるように、繰り返し、いっしょに練習します。使い終えた絆創膏などのごみは、ごみ箱へ捨てることを教えます。ケガをしたときは「ケガをしたら、すぐに教えてね」「必ず、おとなといっしょに消毒しようね」と教えていきます。

7

「遠足に行く日は何曜日？」質問ごっこで日付感覚を身につける
——カレンダーは生活の重要な情報源

カレンダーを意識できると毎日が変わる！

発達障害のある子どもに、「今日は何月何日ですか？」と聞いても、カレンダーを意識したことがないためか、ポカンとしています。カレンダーを常日頃から意識しておかないと、１人で予定表を見て、持ち物の準備ができません。

親から「来週の遠足は5月20日金曜日だよ」と言われて意味がわかるようになると、遠足の日を楽しみにし、自分で持ち物を準備したり、お菓子を買いに行ったりなど、子どもの生活にもハリが出てくるようになります。

カレンダーを見ながら「質問ごっこ」！

私の経験からいうと、親子で遊びながらの「カレンダー質問ごっこ」をすると、少しずつ「日にち」や「曜日」、そして「カレンダー」への意識が高まります。

❶ 毎日、カレンダーを見ながら！

親「今日は何月何日ですか？」　↓　子ども「6月3日（みっか）です」

親「今日は何曜日ですか？」　↓　子ども「金曜日です」

親「遊園地に行く日は？」　↓　子ども「土曜日です、楽しみだぁ」

正解したら「ピンポン！　カレンダー、よく読めたね」とハイタッチして褒めます。

ここで、「今度は○○ちゃんが質問してね」と交代します。こうして「カレンダー質問ごっこゲーム」をして、少しずつカレンダーがわかるようになると楽しくなってきます。

❷ 学校からの「週の予定表」を見ながら！

親「明日は何日？　何曜日ですか？　遠足の日だね」

↓　子ども「4日（よっか）金曜日、○○へ遠足に行くよ、楽しみだ」

正解したら「ピンポン、大正解！」、そして「おいしいお弁当をつくるよ」と褒めます。

❸ カレンダーを見ながら、クイズ！

親「今日は6日です。じゃあ、クイズです。きのうは何日ですか？」

↓
子ども「5日（いっか）です」
親「今日は7日です。じゃあ、クイズです。あさっては何日ですか？」
↓
子ども「9日（ここのか）です」
親「今日は8日です。じゃあ、クイズです。おとといは何日ですか？」
↓
子ども「6日（むいか）です」
正解したら、「ピンポン！『きのう、あさって、おととい』という、むずかしい言葉をよく覚えたね」と言ってハイタッチして褒めます。

「1年の流れ」をカレンダーを見ながら教える

日にちの読み方は、イレギュラーなものとして、1日（ついたち）、2日（ふつか）、3日（みっか）、4日（よっか）、5日（いつか）、6日（むいか）、7日（なのか）、8日（ようか）、9日（ここのか）、10日（とおか）、20日（はつか）の11日分があります。これは覚えるしかないので、カレンダーを見ながら、根気よく、繰り返し声に出しながら、または、書いて覚えていきます。

1つの方法として、カードの表に「1日」、その裏に「ついたち」と書いておき、「かるた

明日は何日？
何曜日ですか？
明日は4日金曜日。
遠足に行くよ！
カレンダー
月 火 水 木 金 土 日

ゲーム」をすると、遊びながら楽しく覚えることができます。

大きな目標としては、1年全体を理解できるようになってもらうことです。そのために、「1週間」は7日あること、「1か月」は30日か31日あって、例外として2月は28日（4年に1年だけ29日がある）であること、「1年間」は12か月あることを覚えます。

そして、西暦2023年という年は、令和5年という言い方もあること、さらに、1年は「月」で分けるだけでなく、大きく「春夏秋冬」に分けることもできることなどがわかってくると、日々のスケジュールも理解しながら立てられるようになります。

将来、自立した社会生活を送るためには、カレンダーを読めることはとても大切です。

5章

学校での支援と“魔法の言葉がけ”【基本編】

ここまでは、「家庭でのサポートのしかた」を中心に説明してきました。ここからは、いよいよ学校生活でのサポートについてです。集団での学習、慣れない環境、子どもたちにとって未体験の連続です。あらかじめ気をつけておきたいポイントを理解して、上手にサポートしていきましょう。家庭でのケアにも有効なノウハウを紹介します。

1

怒った口調、大きな声はNG!
――「短く、具体的に、静かな場で」伝える

■環境づくりを工夫して、不安を理解する!

発達障害の中でも、衝動性（次々と興味・関心が移る、話し出すと止まらない、人の話への割り込みが多いなど）や多動性（じっと座っていられない、カッとなりやすいなど）のある場合は、声や音が聞こえると落ち着かなくなって音のするほうへ行ってしまい、「立ってはいけません、座りなさい」と言うとイライラし、奇声を発してパニックになり、外へ飛び出していってしまうこともあります。

パニックを起こさせないためには学校内に「落ち着いた環境」をつくってあげることが大切です。そのためには以下のような方策が考えられます。

①周りにパーティション（仕切り）を立てて「個別の空間」をつくり、ほかのものが目に入

らないようにする

②音のない静かな部屋に移動する

③子どもの好きな歌や曲をかけるなど、ほかのものに興味を移行させる

④注意するときは「大きな声」はNG！やさしい穏やかな声で話しかける

多動性障害の子どもは、初めての体験や場所をとくに不安がります。また、予定が急に変更になると、これも不安や心配のタネとなり、落ち着きをなくし、パニックになりがちです。

対策としては、行ったことのない場所は事前に写真や動画を見せてその場所のことを知らせ、疑似体験させておくと、新しい場所でもイメージが湧いて安心します。

また、いつもと違うことをするときは、事前に**「今日はプールに行く前に、公園で遊ぶよ」**と予告します。カードに順番を書いておいたり、写真や絵を見せて見通しが立つようにしたりしておくといいでしょう。

パニックを起こしたら原因を探り、気持ちを切り替えさせる

パニックを起こすには原因があります。引き金は何だったのか、原因を探りパニックを起こさせない、あるいはパニックが起きても気持ちを切り替えさせる手立てを考えます。

❶ コミュニケーションができる子どもの場合には？

子どもが大声を出して騒いでいるときは、まず、「どうしたの？」と尋ねて、本人の言い分を聞きます。子どもの目を見て「そうか、うんうん、わかったよ」と相槌を打ちながら、「話してくれてありがとう」と言ってあげると落ち着いてきます。

❷ 体温調節がうまくいかない子どもの場合には？

パニックを起こしたときに厚着をしているときは、冷たい水を飲ませたり、服を1枚脱がせたりして体温の調節をします。

❸ 物を投げ始めた場合には？

いったんパニックを起こすと、手あたりしだいに物を投げたり、急に飛び出したりすることもあります。その場合には、まず、周りの子に被害が及ばないようにします。そして、子どもが物を投げたら「あっ！　いたたっ」といかにもあたったふりをしたり、「ケガをしてしまうよ、危ないね」と聞こえるように言うと、注意がこちらに向くので気がそれます。少し収まってきたら「がまんできて、えらかったね」と話します。

4 泣いて奇声を発し始めた場合には？

パニックになって奇声を出し始めたときは、静かな部屋に移動させてクールダウンを図ります。「みんなびっくりするから静かにね」と口に人差し指をあてて「シー」のサインをして、目を見て話します。落ち着いたら、「○○ちゃん、がまんできて、えらかったね」と褒めます。

繰り返しますが、パニックを起こさせない、**パニックが起きたときは「原因を考え、落ち着ける環境」をつくること**です。新しい経験をするときには事前に話をしておく、パニックが起きたらほかの部屋に連れて行く、そこで話をゆっくりと聞く、体温調節をするなど、その場でできることを考えていきます。

2

「走っちゃダメ」より「歩こうね」
——ルールは肯定形で伝える

■「走っちゃダメ」より「歩こうね」と伝える

休み時間になると、教室から飛び出して校庭に走り出す子どもたち。思わず、「走っちゃダメだよ、歩きなさい」と大声で注意をします。雨の日の廊下はとくに滑りやすく、「走らないで」という校内のアナウンスも流れますが、まったく効果はありません。

こんなときは「走らない」と否定形ではなく、「廊下では歩こうね」と**肯定的に伝えればよい**のです。そして、廊下を歩いている子どもを見かけたら、「廊下の歩き方、上手ですね」と褒めます。すると、ほかの子どもたちも先生に褒めてもらいたくてマネをします。

廊下の真ん中に三角コーンを立てて「あるきます」と書き、視覚提示するのも有効です。

「静かにしなさい」より「こえのものさし1にしてね」

教室には大抵、「声のボリューム表」が掲示してあります。それを毎回活用しましょう。低学年のうちから、視覚提示された表（こえのものさし0〜3）を見て、みんなで声のボリューム練習をします。

「静かにしなさい」と言われても、いま自分の声がどのくらい大きいのか、自分ではわかりません。でも**「声のものさし1にしてね」**と言えば、「あっ、小さな声で話さなきゃ」と思います。**行動は具体的に、視覚化して示す**と上手にできるようになっていきます。

できたら「そうそう、その声でお願いね」と褒めれば大喜びです。周りで見ていた子どもたちも「このぐらいの声で話そう」と声のボリューム調整ができるようになります。

●声のボリュームを視覚で伝える

（市販のものを使用）

3

「負けても、勝っても楽しいね」
――いつでも「やり直し」がきくことを教える

「負け」を受け入れられない！

ブランコに乗る順番を決めるために、子どもたちがジャンケンをしていたときのことです。Rくんは一番最初に負けてしまい、勝った子に「バカ！」と言って、思わず手が出てしまいました。叩かれた子どもは泣き、叩いたRくんは怒っています。なぜ叩いたのかをRくんに聞いてみると、「最初にブランコに乗りたかったから」と言います。でも周りの子は「ジャンケンで負けたのに、Rくんが怒った」と口論になっています。

友だちと遊んでいるときだけではありません。先生とトランプをやっている最中でも、負けるとわかったとたん、「もうイヤだ、先生はずるい」と癇癪《かんしゃく》を起こします。**勝ち負けにこだわりすぎて、負けることを受け入れられない**のです。

発達障害のある子どもは、「負ける」ことに強く反発します。1回負けると、「もう、勝てない」と思い込むようで、「練習すれば、トランプも少しずつうまくなっていくよ」と話をしても耳を貸しません。

「負けて悔しい」という一時的な感情を抑え、がまんして「次はがんばってみよう」という方向に「**感情をコントロールする力**」を育てていくことが必要なのです。

ここでは、いろいろなやり方で気持ちをコントロールする方法をご紹介します！

ゲームで「勝ち負けの経験」を積んでいく❶ 「数の大小ゲーム」

2人でテーブルをはさんで向かい合います。トランプを2つの山に分け、それぞれの手もとに置きます。トランプを同時にめくり、真ん中にカードを出し、数の大小で勝敗を決めるゲームです。

勝ったら「勝った」と言い、負けたら「残念」、同じ数字のときは「あいこ」と言います。次々とカードを出しながらゲームを続けます。「勝った」や「残念」「あいこ」を繰り返しているうちに、「**負けても、もう一度チャレンジできる**」**こと**を理解していきます。

「負けても、勝っても楽しいね」と繰り返し伝えて、何度もゲームをしてうちに、負けることに慣れていきます。「負ける」ことの不安をやわらげていくことが大事です。

ゲームで「勝ち負けの経験」を積んでいく❷ マラソン完走!

友だちとかけっこをして負けるとパニックになり、地面に「大の字」になってバタバタして泣いている光景をよく見かけます。負けて悔しいのです。

そこで、「自分のペースで最後まで走り通すことこそ大事、それが目標!」と子どもと決め、**勝ち負けではなく「完走する」ことにフォーカス**させます。

走る前に、「完走が目標だよ。できたら、ご褒美にシールをはろう！」と約束し、勝ち負けにこだわらず走ることを経験していきます。完走後、シールをはりながら**「最後まで走れてえらかったね」**と目標を達成したことを褒めます。

何度も繰り返すうちに「勝ち負けより、完走することに価値がある」とわかるようになると、周りを見る余裕もでき、友だちにも「がんばろうね」という言葉をかけることができるようになっていきますよ。

4

叱るときはシンプルな言葉で

──よけいなことは省略し、落ち着いた声で、具体的に

よけいな言葉が多すぎませんか?

教室で友だちと追いかけっこをして、机の角にぶつかって、けがをしてしまうことがあります。

そんなとき、「さっきも、ここで走るとケガをするって言ったでしょ。人の話を聞いてないからこうなるのよ、しょうがないわねぇ」と叱ることがあります。

この注意のしかたでは、先生の意図が子どもに伝わりません。なぜなら、**よけいな言葉が多すぎて、伝えたいポイントがボケてしまっている**からです。

注意するときには、「さっきも話した」「人の話を聞いてない」「しょうがない」……は不要です。ひとこと、「走らない」「ケガするよ」でいいのです。

そばに行って、冷静に注意をする

子どもが言うことを聞いてくれない場合、先生としては「なぜ伝わらないのかなぁ?」と自分の発した言葉や行動を振り返って分析することが大切です。

子どもは叱られている意味がわからないまま、「怒られている雰囲気」を感じてやめるだけ。それでは、少しするとまた同じことを繰り返します。そうなると、さらに大きな声やもっと怖い声で注意しないと言うことを聞かない子になってしまいます。

女性のキイキイした甲高い声も子どもにはNGです。また遠くから大声で叫んでも子どもには伝わりません。注意するときは**子どものそばまで行って、名前を呼びかけ、「低めの声で、落ち着いて」**話します。

タイマーを使って具体的に伝える!

図工の時間が終わりそうになったので、先生は「片づけなさい」と伝えます。ところが、発達障害の子どもは、「なぜ、今から片づけないといけないのか」がわかりません。そこでまだ絵を描き続けているので、ついつい、「片づけなさいって、言ったでしょ。休み時間に

なるよ」と、より大きな声で伝えてしまうことになります。

どうすれば、子どもたちは片づけにとりかかってくれるのでしょうか。「休み時間、10分前です。タイマーをかけます、さぁ、片づけよう」「絵は途中でもいいから出してください」と言えば、目安がはっきりします。

「休み時間前に終わる」「あと10分」「途中でもいい」

とわかれば、子どもたちは片づけ始めます。具体的に、簡単な言葉で伝えることです。

5

授業で「今日やること」は黒板に書いて伝える

——視覚を使って、流れを説明する

たくさんのことを一度に理解できないよ！

人はたくさんのことを一度に言われると内容を把握しきれず、困惑してしまいます。

「今日の1時間目は国語です。今から漢字ドリルを配ります。2ページの昨日の続きをやってください。〇をつけてもらった人は、ここに置いたプリント問題を1枚持っていき、解いたらそれを教卓のかごに入れてください。それが終わった人は席に座って、教科書の『おおきなかぶ』を読んでください……」

先生は十分な説明をしているつもりですが（十分すぎる）、発達障害の子どもたちには情報が多すぎ（説明が長すぎ）です。そのため、何から手をつけていいかわかりません。結局、ほかの子どものマネをしてとりかかります。マネができればまだいいのですが、呆然として何もできない子どもも出てくるのです。

視覚を使う――今日の授業の流れは黒板に書く！

では、どういう方法をとればいいでしょうか？

● きょうのがくしゅう

1 かんじドリルのきのうの2ページじのつづきをやる→せんせいにだす

2 こくごのプリントをやる→かごにいれる

3 きょうかしょの「おおきなかぶ」をよむ

具体的にやるべきことを黒板に書いて、いっしょに読みながら、**「今日やること」を説明すると、今から何を学習するかがわかる**のです。途中で忘れても、黒板を見れば、何をやればよいかが書いてあります。口で伝えるだけの説明では、おとなでも覚えきることはできません。黒板に書いておけば、子どもたちも不安になりません。**視覚を使うこと！**　です。

6

不安のあらわれの「なぜ？」には理由を説明する

――「鋭敏すぎる」ほどの感覚を理解する

「なぜ？　どうして？」に答える

発達障害のある子どもは、とても敏感です。いつもと少しでも違うことがあると、気持ちがとても不安定になります。

たとえば、毎日、登校班の人たちといっしょに登校しているのに、遠足の日は集合時間がバラバラなので、１人で登校しなければならなくなります。「今日は遠足だ」ということがわかっていても、１人で学校へ行くという「いつもと違うこと」があるため、当日になって「行かない、休む」と言い出したりします。

これはわがままではありません。「決まった行動を続けたい」のに変化を余儀なくされ、その変化に敏感になりすぎ、不安になるためです。

では、どうすれば1人で学校へ行き、遠足に参加できるようになるのでしょうか。

まず、変更する予定や内容は先に伝えておきます。**事前に予告しておくことが、不安を減らす第一歩です。**カレンダーの遠足の日に○をつけて「○日は遠足です。登校班ではなく、1人で登校しますよ」と繰り返し、繰り返し伝えておきます。

「1人で登校」と聞くと、「なぜなの？」とか「1人で行けない、どうしよう？」と不安になるので、**まず、子どもに「なぜ？」の理由を説明**します。「学年によって遠足の出発時間が違うから、登校班ではなく、バラバラで学校に行くんです」と話します。

次に、子どもの「どうしよう？」に対応します。これは先生からお母さんたちにお願いしておくことですが、休みの日に学校まで子どもといっしょに登校する練習をしてもらいます。「登校班といっしょでなくても、1人でちゃんと歩けたね、遠足は行けるね」とお母さんたちに笑顔でハイタッチしてもらいます。予行演習をして自信をつけておくのです。

先生にも「1人で学校まで来られたんだってー？　すごい。遠足行こうね、楽しみだね」と「できたこと」を強調してもらい、子どもの気持ちを盛り上げていきます。

過敏？　鈍感？　では、どう対応する？

自閉スペクトラム症の子どもは、見え方、聞こえ方、皮膚の感覚、触ったときの感じ方、味わい、匂いなど、私たちとは違った五感の感覚をもっていることを知っておく必要があります（39ページ参照）。

たとえば、皮膚感覚が過敏です。雨の日に皮膚に雨粒があたると「痛い！」と感じるほど、異常に敏感なのです。また、洗濯したばかりの洋服のガサガサした感触も苦手です。同じ洋服を着たがるのは、このためです。

皮膚だけでなく視覚も敏感です。「蛍光灯の光が放射状に出て、まぶしい」と言います。おとなになって色つきの眼鏡をかけているのはそのためです。

音に対しても同様です。雷の音が爆発音ぐらいに大きく聞こえるらしく、教室の隅にうずくまったり、「トイレの水の流れる音が怖い」と言って、トイレに行きたくても行けなかったりします。逆に、耳障りな「キーキー」という金属音が心地よい子もいます。

私たちも感覚は1人ひとり違いますが、発達障害の子どもの場合、**敏感すぎるほど非常に繊細だったり、逆に変に鈍感だったりする特性**があります。

では、どうしてあげたらいいのでしょうか。

・本人が着て、着心地のよい服を着る

うるさいから
あっちへ行こうね
音
その服が気持ち
いいんだね
雨だけど
歩いてみようか

・雨の日はレインコートを着て、傘をさして歩く練習をして慣れていく
・大きな音のしないところへ移動する
・水洗トイレはイヤーマフを使う
・フライは衣を外して（トゲトゲするから）中身だけ食べるのもOK
・本人が「くさい」と感じるものは、遠ざける（おとなの感覚で「くさくなんかないから……」などと説得しない）

など。感覚の違いを理解して、「やわらげる方法」をあれこれと探します。

障害の特性や行動をよく観察して、**「痛いよね」「音がうるさいよね」と理解を示し、安心感を与える**ことが大切です。わがままを言っているのではなく、「とても敏感だったり、鈍感だったりする」ことを理解していることを示していきましょう。

7

次に続く言葉を引き出す「イモヅル会話法」

――疑問形でリズムよく

疑問形に続く言葉を引き出していく！

発達障害の子どもの会話力を伸ばすのに、とても効果のある方法があります。それは「次に続く言葉を引き出していく」というものです。これはリズム感があって子どもにも人気で、覚えやすいものです。たとえば、次のようにします。

・先生「くつは？」　↓　子ども「下駄箱に入れます」
・先生「廊下は？」　↓　子ども「歩きます」
・先生「順番は？」　↓　子ども「守って遊びます」
・先生「本は？」　↓　子ども「本棚にしまいます」
・先生「ごみは？」　↓　子ども「ごみ箱に捨てます」

・先生「チャイムが鳴ったら？」
　↓子ども「着席します」
・先生「外から帰ったら？」
　↓子ども「手洗い、うがいをします」
・先生「トイレに行ったら」
　↓子ども「手を洗います」
・先生「勉強するときは？」
　↓子ども「着席します」
・先生「授業中は？」
　↓子ども「着席します」

リズム感を大切にするという意味では「10、9、8、7……」とカウントすると、それまでグズグズしていた子も、てきぱきと動けるようになります。

8

きまりごとは「見える化」する
――伝えるときは具体的に、2人の約束は1対1で

「たくさんのきまり」が押し寄せてくる！

小学校に入ると、子どもたちは集団で行動することが増え、そこで**たくさんの「きまり」を守ることが要請される**ようになります。たとえば、チャイムが鳴ったら教室に入って着席をするとか、休み時間になるまでは（授業中は）席を立たずに授業を受ける、あるいは授業中は手をあげて発言するといったことです。

このように、小学校に入ると急にたくさんの「きまり」が出てくるのですが、子どもたち、とくに発達障害の子どもはなかなか「きまり」を覚えきれません。覚えられないため、そこで自分の判断で勝手な行動をとってしまい、先生から注意を受けてしまうのです。

先生はクラスの子どもたち全員に向けて話をします。しかし、そういう「全体への説明」

では、発達障害のある子どもにとっては「誰かほかの子に言っていること」で、「自分も含めて言われていることだ」とは理解しにくいのです。

そこで、発達障害のある子どものほうに目を向けて話すようにします。そして、「チャイムが鳴ったら教室に入りましょう」のように具体的に伝えることが大事です。

具体的に伝えるための方法

では、「チャイムが鳴ったら教室に入ろう」と言っているのに、それでも教室に戻ってこないで校庭で遊んでいる場合には、どう対応したらよいでしょうか。

効果的な方法として、①**短い言葉で伝える**、②**言葉だけでなく黒板にも書いて「見える形」にして説明する**、という方法があります。

私は次のように「黒板」に書いて子どもたちに説明しています。

先生の中には、一度話せば、子どもたちも「きまり」を理解してくれるはず、と思い込んでいる人もいます。それは間違いです。そこがわからず、「なぜ、守れないの？」と子どもたちを責めてしまう場面を見ることがよくあります。

先生に考えてもらいたいのは、「**子どもがきまりを守れていないのには、何か理由があるのではないか？**」という点です。耳から聞いた情報だけでは、十分にキャッチできないのではないか、昨日聞いたことを1日たつと忘れてしまうためではないか、具体的でなく、覚えにくい（抽象的な）説明だったのではないか……と。

● **黒板に「きまり」を書いて説明**

チャイムがなったら

1 あそびはおわり！

2 てをあらう

3 きょうしつにはいる

2人だけの「約束」

子どもに伝えるためには「1対1」で話をすることです。授業中に席を立ってしまい、注意をしてもふてくされて文句を言い始めてしまう子には、次のように指導してみます。

まず、朝、登校したら、「授業中に席を立たないで勉強します」と約束を2人でします。そのときに「ちゃんと座っていられたら、えらいよ！」と褒めます。このような**「1対1」の指導なら、「自分に言われている」と理解できる**ので、きまりを守ることもできます。

子どもが離席しそうになると、先生はついつい大声で「座りなさい、何度言ったらわかるの？」と注意しがちですが、それはＮＧです。なぜなら、大声を出されると興奮してしまうからです。そんな場合はすかさず、そばに行きます。そして耳もとで、「座ろうね」と小声で話しかけます。すると、怒られているのではないことを理解し、素直に聞いてくれます。

授業後、2人の間での約束を守ることができたら「この時間はよくできたね！　次の時間もできるよ、えらいね」と成功体験をフィードバックして、笑顔で褒めます。

この約束を根気よく続けていくと、しだいに着席していられるようになります。

9

静寂の空間で子どもたちの可能性を広げる
——「茶道」の異空間にいざなう！

静寂な気持ちにさせてくれる茶道

この本の中でも何回も指摘してきたことですが、発達障害のある子どもは一般に、「注意力が散漫で、落ち着きがなく、人とのコミュニケーションもとれなくて、社会性の発達が遅れている」と言われています。指導する先生も保護者も心配な一面です。

ところが、そんな子どもたちの気持ちを落ち着かせ、静寂な心持ちにして、さらに集中して作法まで身につけられる意外な方法があります。その1つが「茶道」です。

私は次のようにして、子どもたちと茶道を楽しんでいます。

「これから茶道のお稽古をします。お菓子をいただいてから、お茶をいただきます」と、事前予告をします（これがポイント。何度も説明しましたね）。茶道の稽古は、人数が多いとていねいな稽古ができないので、一度に10人未満で行ないます。

今、畳がない家も多いので、和室に入ると子どもたちは緊張気味です。学校に和室がない場合は、ゴザを用意したり、机と椅子を使って稽古をします。そして最初に、「先生がお話しするとき以外は、勝手にお話をしないこと」を約束します。

ふだんは落ち着きがない子どもたちも、不思議な異空間がそうさせるのか、勝手なおしゃべりをせずに正座することができるんですよ！

茶道のお稽古——あいさつのしかた

「ご機嫌よろしゅうございます。お稽古よろしくお願いいたします」という先生の言葉のあとに続いて、子どもたちにも同じ言葉を復唱してもらいます。これができたら、子どもたちの中でリーダーを1人選び、そのリーダーが「ご機嫌よろしゅう……」と言い、そのあとにみんなが続いて言えるように練習します。リーダーも次々に替えていきます。不思議なもので、こちらが驚くほど、みんな楽しそうについてきます。

次に、両手の親指と親指、人差し指と人差し指をつけて、真ん中に三角をつくって膝前に両手をつきます。背骨を伸ばし、お辞儀をします。みんな、上手にマネをしてくれます。

この後、みんなの前で1人ひとりがあいさつやお辞儀を披露します。「とっても上手でしたね。あいさつの言葉もよく覚えましたね」「姿勢がよくて、あいさつがていねいです」と目と目を合わせてみんなの前で褒めます。

茶室なので、拍手をしたり、ハイタッチはしません。けれども、子どもたちは緊張の中にも「褒められてうれしいな」という雰囲気が伝わってきます。

お茶を点《た》てる！

次はお菓子です。自分の目の前にお菓子器が来たら、左隣の子に「お先に」とあいさつをして、左手で菓子器を抑えて右手でお菓子を1つとり、膝前に用意しておいた懐紙《かいし》にのせます。そして、お菓子器を左隣の子に送る――このお菓子器の所作を覚えていきます。

お菓子を食べるときにも作法があります。「先生のマネをしてね」と言うと、みんな視線をこちらに向け、マネをして作法どおりにお菓子をいただくことができます。

いよいよ、お茶を飲む番です。お茶碗に抹茶の粉やお湯を入れてもらった茶碗を膝前におきます。右手で茶筅《ちゃせん》をとって左手で茶碗を抑え、茶筅を上下に細かく振り、最後に「の」の字を書いて茶筅を茶碗の右横に置きます。この動作も「先生のマネをしてね」と伝えるので、子どもたちは、マネをしてお茶を点《た》てています。

茶筅を使って茶を点てるときは、みんなドキドキしながら緊張しているので、1人ひとりに「おいしいお茶を点てようね」と励まします。

お稽古のたびに、お菓子のいただき方、お茶の点て方を練習します。1年間が終わる頃には、一連の動作が身についています。

「あ〜、おいしかった」「お茶が大好きなんだよね、すっごくおいしい！」「次は、いつなの？」「お菓子は何かな？」と、会話も弾む子どもたちです。

この稽古の場では、相手にお辞儀をしたり、自然と思いやったり、感謝したりする心を学びながら、お稽古を楽しんでいます。いつもとは異なる空間、雰囲気をつくることも、子どもたちの教育には効果的です。

6章

学校での学習と学力を伸ばすコツ【学科別】

発達障害のある子どもたちは、学力のつけ方にもポイントがあります。文章の書き方、計算のしかた、運動のしかた……すべて、ちょっとした工夫で克服できます。コツコツと根気よくトライすれば、少しずつできるようになります。小さな成果が大きな進歩に！　「すごいね！　上手にできたね！」の褒め言葉で子どもたちの自信を育てましょう。

1

国語①

言葉のマッチングで文章力をつける

——「まとまり」で読み書きを覚える

「短いまとまり」でトレーニングしていく

「文を書く」のはおとなだってむずかしいもので、子どもの場合、何から書き始めていいかわからず、鉛筆を握ったまま机にうつ伏す姿もよく見かけます。

文を書けるようになるには、**記憶に残っているうちにできるだけ早く書いておく**のが一番です。思い出の写真や、ビデオ、絵などを見せて、子どもにそのときのことを思い出させると、文を書くときにイメージしやすくなります。

それでも困っていたら、「運動会で一番楽しかったことは何だった？」「玉入れは、どっちが勝ったの？」「ダンスは何を踊ったの？」「お弁当は誰と食べたの？」「どんな気持ちだった？」などと具体的に問いかけると、だんだん思い出してきます。

トレーニング❶ 2語文、3語文でマッチング

「文を書くのはむずかしい」と言いましたが、上達するためのコツはあります。それは2語、3語などの短い「言葉のまとまり」から書いていく練習です。短い文を書けるようになると、頭の中で何を書けばいいか、その順番も浮かんでくるようになるからです。

具体的にいうと、日常の学習や生活の場で、2語文〜3語文のマッチングカード（手づくりカード）をつくり、並び替えながら文章を覚えることです。さらに、それをノートに書き出して練習すると頭に入りやすくなり、文章を書くことへの抵抗が少なくなります。

2語文カード

ごはんを　食べました

公園へ　行きました

3語文カード

わたしは　本を　読みました

画用紙に　絵を　描きました

トレーニング❷ 2語文、3語文が「読解力」につながる！

次に、文を読む力です。2語文、3語文を利用して、先生や親が**「いつ」「どこで」「誰が」「誰と」「どこへ」「何を」「どうした」などについて質問**をして、子どもがそれに答える形にします。たとえば、

文①「花子さんは公園に行きました」

質問「誰が公園に行きましたか？」　解答「花子さん」

文②「太郎さんは映画館に行きました」

質問「太郎さんはどこへ行きましたか？」　解答「映画館」

このトレーニングを積んでいくと、読み取りのコツがつかめてきます。そうすると、**「何が書いてあるのか」の読解力がつき**、文を書くことも苦痛ではなくなっていきます。

2

国語②

漢字は書けるより「読める」が大事
――苦手ポイントはよく観察をして

■漢字が書けない！

「漢字が書けない」という発達障害の子どもの場合、理由として2つが考えられます。1つは**漢字がマスの中からはみ出してしまう**こと、もう1つは**書き順に戸惑う**ことです。

漢字の学習の際は、「マスの中へ書けるかどうか」と「目と手の協応運動ができるかどうか」に注意することが大切です。

書き始めがわからずに、鉛筆を握りしめて黙って座っている子もいます。そんなときの悪い指導例は、「とめ、はらい、はね」など細部まで気をつけさせることです。そうすると子どもはますます混乱し、書くことをあきらめてしまいます。何度も何度も細かいところで直されてしまうと、漢字を書くことがイヤになってしまうのです。

学習方法の工夫は観察から

肝心なのは、子どもたちがそれぞれ「どうして書けないのか」を観察し、スムーズに練習ができるようにその子どもに合った学習方法を工夫していくことです。

たとえば、マスの中に手本どおりに漢字が書けない子の場合は、

①マスを4ブロックに分ける線を入れます（漢字のバランスを把握しやすくするため）。

②マスの中に先生が薄く漢字を書きます、その漢字を子どもがマジックでなぞります。

③書いた漢字をブロックごとに切り分け、1つの漢字になるようにマッチングを子どもがします。

④マッチングができたら、漢字を横に置いてノートになぞり書き練習を行ないます。

⑤最後にお手本の漢字を見て練習します。

このように、①～⑤までの過程で集中できるように励ましていきます。少しでもできたら、「がんばったね」と褒めてあげてください。

●漢字を4つのブロックに切り分ける

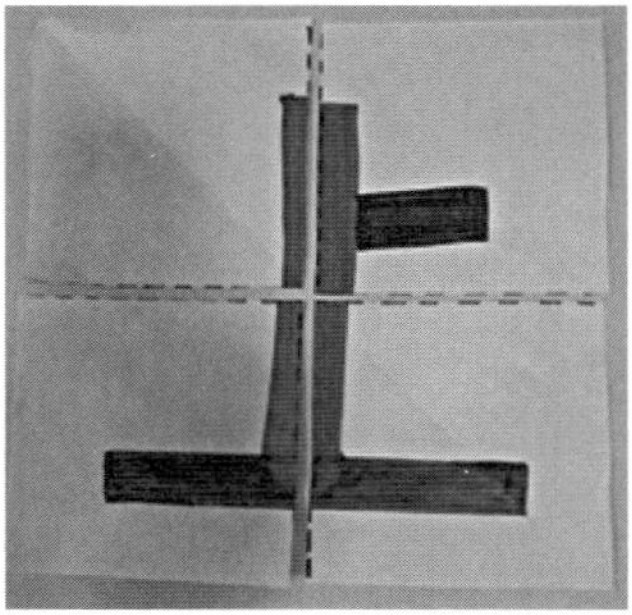

書き順の覚え方

書き順のわからない子の場合は、次のようにします。たとえば「上」という字の場合、①最初は赤、②2番目は青、③3番目は緑に色分けをします。何度も練習をしていくうちに慣れてきて、自分から進んで書けるようになっていきます。

●書き順は色分けする

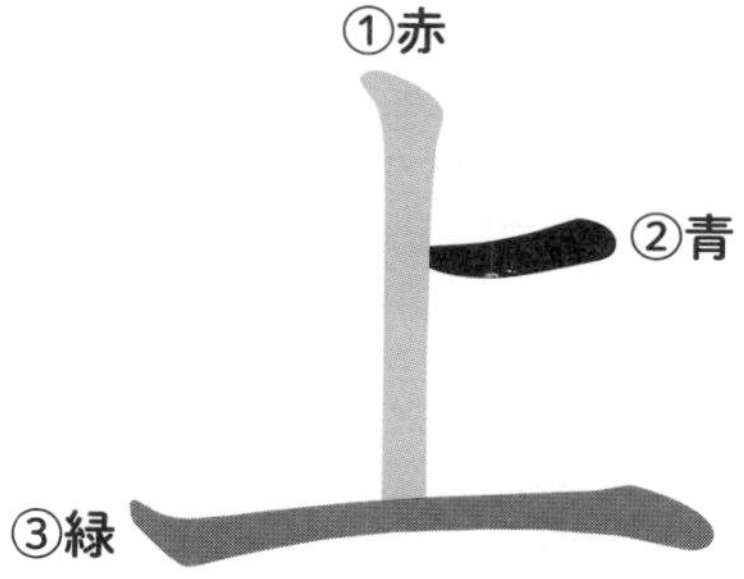

手本とノートとの間が離れていると、写すときに視線が大きく外れます。ノートのすぐ隣に手本の漢字を書いてあげ、視線が外れないようにしてあげるといいでしょう。

大事なのは、「子どもが何を苦手としているのか」を先生がしっかりと観察し、子どもがやりやすいように、学習方法を工夫していくことです。

①、②、③と色分けして番号をつけ、順番になぞります。順番どおりにできたら褒めて、子どもに「達成感」を

味わってもらいます。「できた！」と本人が思ううちに、苦手意識はだんだんと薄れていくでしょう。

「漢字は読めればＯＫ」と考えよう！

ひらがな、カタカナは「読める、書ける」ことが必要ですが、漢字は「読める」だけで十分です。自分の名前、住所などは書ける必要がありますが、それ以外は、電車に乗るときも行き先の駅名が**読めさえすればたいてい大丈夫**です。いまの時代、パソコンやスマホで変換すれば漢字も出ますから、自分で書けなくても社会生活は十分にできるからです。

子どもが漢字を読めたら「すごい！　わかるね」と褒めて、自信をもてるようにします。漢字かるたをして楽しみながら「漢字読み博士」を目指すのもいいですよ。

3

音楽

さぁ、歌って、踊って、演奏しよう♪
――音楽を通して子どもの発達をうながす

楽器がうまく使えない！

小さな頃は歌も好きで、おもちゃのピアノの鍵盤を叩いて喜んでいた子どもも、小学校にあがると、ちょっと様子が変わってきます。1年生で、鍵盤ハーモニカの練習が始まります。口でマウスをくわえ、左手はホースを持ち、右手は5本の指を使って演奏します。さらに3年生になるとリコーダーの練習が始まり、マウスを口にくわえて楽譜を見ながら、今度は左右10本の指を使って演奏をします。

指先が器用じゃない子は、演奏したくても指がうまく動かないので「音楽はやりたくない」と机の下にもぐったり、楽譜が読めない子どもは座っているだけになってしまい、楽しかったはずの音楽はどんどん嫌いなものになってしまいます。

子どものもっている力を引き出す音楽！

鍵盤ハーモニカやリコーダーには、高度な技術を要求されますが、楽器はほかにもたくさんあります。たとえば、打楽器。これは、叩く、打つ、擦《こす》る、振るなどして簡単に音が出せます。叩くと音の出るタンバリン、ロリポップドラム、カスタネット、木琴、太鼓、トライアングル、ウッドブロック、振ったら音の出る鈴、ハンドベル、マラカス、擦ると音の出るギロもあります。

子どもたちは、打楽器を使うことで、自分が主役になって音楽を楽しむことができます。

音楽療法的教育で楽しみながら成長をうながそう！

音楽療法的教育という教育法があります。これは「音楽教育」と「発達」の2つをキーワードとし、「音楽を楽しみながら（音楽療法）子どもの発達をうながす」というものです。音楽を通して、リラックスし、コミュニケーション手段を引き出し、ストレスを軽減するなどの効果がもたらされます。

子どもたちが主役になって演奏でき、音楽を楽しむ方法をいくつか紹介します。

①**「♫線路はつづくよ、どこまでも♫」**の曲であれば、手拍子、肩、お腹、太ももなど、音楽に合わせてタッチしてリズム遊びをします。自分の身体を意識して、自分の意志で動かして音楽を楽しみます。先生のマネができたら「すごい！　上手♪」と褒めて、ますますやる気にさせていきます。

②**「♫たいこ、たたこう♫」**のリズムに乗って、子どもは2人1組になり、1人がバチを持ち、タンバリンを叩きます。もう1人はタンバリンの角度を変えて差し出します。今度は交代して同様にリズム打ちをします。ストレスを発散しながら、友だちを意識する気持ちが育っていきます。交代が上手にできたら、褒めます。今度は友だちを変えて組になり

演奏します。そうすると、どんどん**仲間が増え、社会性も育っていきます。**

③「♬きらきらぼし♬」は、1人1つずつハンドベルを分担し、曲に合わせてそれぞれが担当のハンドベルを鳴らし合奏します。集中して音を鳴らすので、成功感が味わえます。「とっても素敵な演奏だった、いい音が聴こえたよ」と1人ひとりを褒めることで**自信がもてる**ようになります。

④「♬大きな古時計♬」は、鈴、タンバリン、トライアングル、太鼓、カスタネットなどを使って自分の楽器だけ演奏するところとみんなで合わせて演奏する気持ちよさを味わい、**協調性を養います。**「みんなの力で音楽をつくったね」と褒めます。「もっと、やりたい」という気持ちに高めていきます。

大きな声で歌おうよ♪

歌いたいけど歌えないのは（おとなの音痴とは違って）、歌詞が覚えられないことが大きく原因しています。そこで、「拡大歌詞」をつくったり、先生のあとに続いて歌の練習をしたりして、音楽の時間のはじまりやおわりに同じ歌を歌います。

「拡大歌詞」というのは、大きな紙に歌詞を大きく書いたものです。黒板に掲示すると、子

みんなの力で
音楽をつくったね
楽しいね
もっと
やりたい!

どもたちは目で歌詞を見て歌うことができます。

「はじまりの歌」は「音楽を始めますよ」の合図で気持ちの切り替えになり、集中することができます。「おわりの歌」は「これで今日の音楽はおしまいですよ」の合図です。手話を交えて歌います。

毎回、同じ歌を歌うので、歌詞もしっかり覚えられ、大きな声で歌うことができます。「いい声だね」と言うと、ますます、はりきって歌います。「みんなの前で歌ってみて」と指名すると1人でも歌い出します。みんなから拍手をもらって自信がつき、歌うことが大好きになります。音楽が苦手な子はいなくなります。

4

算数

足し算がスラスラできる「左手」計算法

——この方法で足し算は簡単にできる!

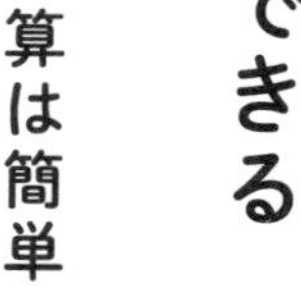

ブロックを置いての計算ができない? どうする?

発達障害の子どもの場合、算数や地理がすごく得意という子どももいますが、多くの場合、算数が苦手です。ここでは10までの足し算について、自信をもてるようになる方法を紹介しておきます。問題が解け、自信をもてるようになると、算数も楽しくなります。

(例題) 1+5=6

この問題を「ブロック」を置いて計算します。1の下にブロックを1個置き、5の下にブロックを5個置きます。そして全部のブロックを順に、1、2、3、4、5、6、と数えていくと、答えは6となり

●ブロックを置いた計算

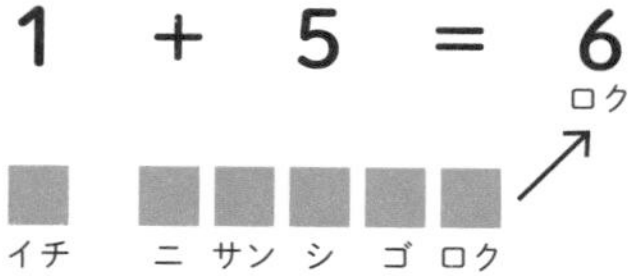

ます。

通常、この練習を繰り返すと、頭の中にブロックが自然にインプットされ、実際にブロックを並べる必要もなくなります。その結果、1＋5の答えは6と、すぐに答えられるようになります。

ところが発達障害のある子どもの場合、いつまでたってもこの方法を覚えることができず、ブロックを並べることも手助けしなければできません。そのうち、子どももイヤになってしまいます。けれども、実は、いい方法があります。

指を使って足し算をクリアする方法！

ブロックではうまくいかなくても、心配する必要はありません。自分の10本の指を使って計算できる方法があります。考えてみると、ブロックをいつも用意できるわけではありませんから、両手の指を使って足し算できるように練習をしていくほうが便利です。

①最初に両手で1、2、3、4、5、6、7、8、9、10を出す練習をします。

②指が出せるようになったら、いよいよ、問題を解きます。

（例題）2＋5

右側にある数字5を、左手の5本の指を立てて「5」と表現します。次に、左側にある数字2を先生と子どもがいっしょに「2」と言ってから、左手の5本の指を親指から順に、「3、4、5、6、7」（2の次の数から読み上げる）と5つ読み上げながら、1本ずつ折っていきます。すると、答えは7。この方法を理解すると、片ほうが10までの足し算ができます。

同様に、次の2つの計算をしてみます。

（例題）3＋4
（例題）2＋7
（例題）9＋10

「3＋4」は右の数字が4なので、左手の親指1本を折って4本を立てます（小指を折るのはむずかしいので親指を折る）。次に先生と子どもが左の数字「3」を言い、指を立てている左手の人差し指から順番に「4、5、6、7」と折っていくと「7」になります。

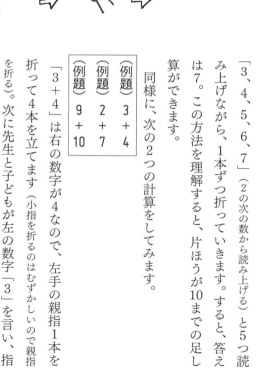

「2＋7」では右の数字は7なので、左手を5本立て、右手2本を立てます。そして先生と子どもがいっしょに左の数字「2」と言ってから、左手の5本の親指から順番に「3、4、5、6、7」と折り、次に右手の2本の指を折って「8、9」で「9」となります。

「9＋10」では、左右の手の指を全部立て、「9」と言ってから左手は「10、11、12、……、14」、そして右手に移って「15、16、17、……、19」で答えは「19」です。

この方法は、スイスイできるので子どもも誇らしげです。「もっとやりたい」という声も聞こえてきます。「××ちゃんは、足し算の天才だね」と褒めるとニコニコ顔です。

数字と数量のマッチングを完璧にできるようにするには

並行して、数字カードとブロックを並べることや、口頭で数字を言ったら、指で数が出せるように練習をしていきます。上の絵は、数字カードとブロックを並べる学習です。

そのほかに、数字カードを並べておいて、口頭で数字を言ったらそのカードをとる練習もあります。楽しく成功体験を積んで、算数が大好きになるように、褒めていきます。

●ブロックと数字カード

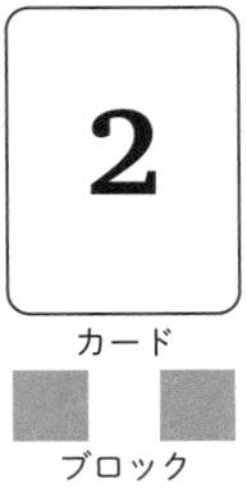

5

金銭感覚

ドーナツを買いに行こう！
——「ドーナツ学習」で生きるチカラをつける

「ドーナツ学習」って、知ってますか？

「ドーナツを買いに行こう！」と言うと、子どもたちは「やったぁ〜」と大喜び。私がドーナツ学習と呼んでいる学習方法の目的は「**金銭感覚を育てること**」にあります。そして、発達障害の子どもが将来、自立し、生きる力にもなっていきます。ここでは、その学習方法を具体的に説明しましょう。

お母さんたちには、子どもが首からかける財布やお金など、持ち物の準備をお願いします。可能であれば、いっしょに下見に行ってもらえると、子どもも「どう対応すればいいのか」「バスにはどう乗るのか」などの経験を積むことができます。

なお、実際にドーナツを買いに行く前に、ドーナツを１つ選んでおきます。店頭ではドー

ドーナツ学習の4つの目的！

❶金銭感覚

買いたい
ドーナツ
162円

❷店員さんとのやり取り

お願いします

❸バスの乗り方

バスの中では走らない

❹交通ルール、持ち物の約束を身につける

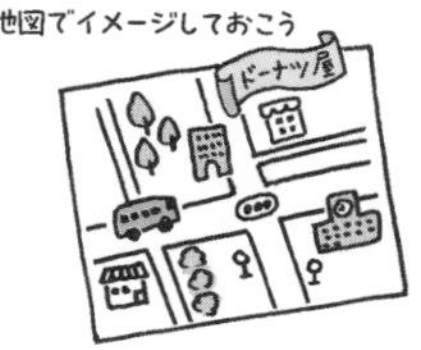
絵地図でイメージしておこう
ドーナツ屋

ナツの種類が多いので、店に行ってから選ぶと、そのことに夢中になり目的がおろそかになるからです。

いざ、「ドーナツ学習」の本番！

まず、事前学習を教室で毎日積み重ねていきます。お金のやり取りをしなければならないので、1か月ほど前から準備し、1対1の個別学習のスタートです。

❶ お金の数え方学習スタート！
……金銭感覚！

1円、5円、10円、50円、100円のお金の模型を使って、いくら出せば自分の買いたいドーナツが買えるのかを学習していきます。

買いたいドーナツが162円だとすると、

1円玉2個で2円、10円玉6個で60円、100円玉1個で100円……全部で162円
こうして子どもたちは、真剣に、けれども楽しくお金の学習をします。

② 店員さんとのやり取りを知ろう！

学級では「店員さん」と「お客さん」に分かれて事前学習します。ドーナツを1個トレイに乗せ、レジに行き「お願いします」と言い、財布からお金を出して支払い、お釣りやレシートを確認し、ドーナツを受け取り、「ありがとうございます」とお礼を言います。

自信をもって本番に臨むために、全員が買い物の練習をします。ほかの友だちが買い物学習をしている様子を見ながらいっしょに楽しんで体験学習をしています。

③ バスの乗り方を学習しよう！

ドーナツ屋さんまでの往復も、ドーナツ学習のポイントの1つです。バスの中ではほかのお客もいるので「大声は出さない、走らない、バスの乗降ボタンもむやみに押さない、降りるときもほかのお客さんを抜かさずに1列で降りる」ことを約束します。

④ 交通ルール、持ち物の約束を守ろう！

道路はクルマが通っているので、危険は身近にあること、ふざけないことなど、事故にあわないように安全面を大切に話します。絵地図などを使い、バス停や周りの景色、歩道、店

の写真を示しながら、道順や行程を話します。子どもたちはイメージが膨らみ、学習にやる気が生まれます。それはすべての教科の向上にもつながり、自己肯定感がアップしていきます。

こうして「ドーナツを買いに行こう」の買い物学習で得られた達成感、満足感、成功感は将来の自立に向けて、子どもの「生きる力！」になっていくのです。

なお、「ドーナツ学習」の実践については、7章でくわしく説明しています。

● ドーナツ学習の安全ルール

1. 先頭と最後は先生、順番どおり（並ぶ順番はあらかじめ、決めておきます）に並んで歩きます。2人1組で手をつなぐこと
2. 道路は歩道を歩くこと。車道に出ないこと
3. 信号を守って移動すること
4. バスから降りたら、決められた順番に並ぶこと
5. かばんの中の持ち物は途中で出さないこと（水筒、手拭き、ティッシュなど）
6. 首からぶら下げている財布、ICカードは外さないこと

6

体育

苦手な運動を克服するには

——ラジオ体操とストレッチで参加しやすくする

体育の授業が嫌いな理由

誰だって、初めて経験することはなかなかコツが飲み込めません。発達障害のある子どもの場合、とくにその傾向が顕著です。

その一例が、交流級（特別支援学級の子どもが普通学級の子どもと同じ授業を受けるとき）での最初の体育の授業です。最初なので、子どもは「これからどのような運動をするのか」を予測できません。それでも1～2時間も見学していると、どんな運動かがわかり、参加できるようになります。ただ、その間、ほかの子どもには「どうして見学してるのか」、その理由がわからず、緊張関係を引き起こしがちです。

交流級を担当する先生としては、「内容がわからないと参加できない」友だちがいることを、ほかの子どもたちに説明する心配りも必要です。**「いろいろな仲間がいるんだな」と理解してもらう**のです。理由さえ理解すれば、参加してくるまで待ってくれます。

ほかにも、人の指示を聞いて行なう集団ゲームや、ドッジボール、サッカーなどチームで連携プレーを行なわなければならない運動も苦手だという点に注意が必要です。

集団競技だけでなく、跳び箱運動や鉄棒、マット運動、縄跳び、ダンスなどの高度な動きは苦手で、うまくできません。ふだんから、休み時間も外遊びに行くことのあまりない子どもは、体育がある日はゆううつになってしまいます。

運動方法を「事前に、イメージが伝わるように」知らせておくには

ハードル走のような運動であれば、「ハードル走をするよ」と運動の方法を話すだけで運動の内容がわかり、子どもも安心します。しかし、運動会のダンスになると、「ダンスをするよ」だけでは「どんなダンスなのか」が伝わりません。

「ダンスをするよ」ではなく、**「こんなダンスになるよ」とビデオを見せたり、先生自身が目の前で少し踊って見せたりする**ことで、子どももイメージが湧いてきます。

ほかにも、休み時間に教室でＣＤをかけ、友だちと踊るのも効果的です。その際は「上手

に踊れてるよ」と声援を送ることで自信が生まれてきます。また、周りの友だちと踊る練習をすることで協調性や社会性も育っていく効果があります。

最初にラジオ体操、最後にストレッチ

冒頭で、「交流級での最初の体育では、なかなか参加しにくい」という話をしました。しかし、見学が続くと体育の授業に不参加になりがちになります。そこで、私は次のような対策をとっています。それは、「全員ができる体育の方法」を加えることです。

1つ目は、**ラジオ体操、ストレッチの導入**です。これなら毎回同じ運動ですし、マネをして参加できます。

2つ目として、校庭を1周（200メートル）から5周（目標）まで走ることです。この場合も、教室の黒板に、校庭のスタートラインから「よーい、どん」をして、一周走ったら「ゴール」ということを絵に描いて、事前に知らせておきます。**言葉だけではなく、黒板に絵を描き、見せて理解させておく**ことが大切です。

1周を全員が走れるようになったら、「今日は何周走るのか」を担任の先生が決めて、走り終わったら、カードにシールを貼るなどするといいでしょう。達成が目に見えるカード

になります。
私は、走るときには2つのルールを決めています。
①走っているときは、ほかの人をひっぱらないこと（負けまいとして）
②誰かが止まっても、その子に声をかけたりせず、自分の力で走ること

声をかけるのは激励の意味があるのはわかるのですが、友だちではなく担任の先生が励ましてこそ、子どもはがんばれるのです。というのは、友だちに励まされると、走れない自分が恥ずかしくなり、プライドもあるので走るのをやめてしまうことが多いからです。
走るのが苦しくていったん止まってしまってもかまいません。そのうちに走るペースがつかめてきたら、また走り始めます。再度、走り始めたら、今度は先生や友だちから「いいぞ！　ゴール目指していこう！」と励まされるとがんばることができます。
ゴールできたら、ハイタッチして褒めてあげます。

7

図工

○を描いて、○を描いて、それをつなげていくよ！

――シンプルな形を組み合わせる

■心の中のイメージを絵で描くって難関だ！

小学校2年生の図工の時間、先生は「今日は、昨日、動物園に行ったときの絵を描くよ。好きな動物を描いて」と、みんなに画用紙を配ります。黒板には、子どもたちが絵を描きやすいように、水族館で見たアザラシやイルカショーのこと、ペンギン、イワシの大群、サメ、エイなど、いろいろな名前を書き出しています。みんな、いっせいに絵を描き始めました。

けれども、Aさんは今までに一度も絵を描いたことがなく、このときも画用紙をにらんだまま動きません。こんなとき、無理に「描こうね」や「まだ、描けないの」と声をかけるのは禁句です。パニックになり怒り出すか、椅子の下にもぐってしまうからです。

Aさんの担任の先生は、1年生の担任からの引継ぎで、学校でも家庭でも絵は1度も描いたことを見たことがないと聞いていました。

では、どうやってAさんに絵を描き出せるチャンスをつくってあげられるでしょうか。

好きなものを描こうよ！

まず、子どもと話しながら、好きな動物を聞き出していきます。それが「犬」であることがわかったら、「犬を描いてみようね」と話しかけ、すぐに鉛筆を持たせます。

「描けない」という場合は、「○を描いてみて、ここに！」と指で場所を教え、指で紙に○を描きます。子どもは鉛筆でその上をなぞります。丸が描けたら、「上手に描けたね」と褒め、すかさず、「ここにもう1つ、○を描いてね」と示します。

こうして、次ページの図のように①～⑧まで、○だけを使って犬が完成したら、ハイタッチして「よく描けたね」と褒めます。

次に色鉛筆で色を塗ります。色鉛筆ケースのふたを開けてあげながら、**「先生は黄色がいいと思うけど、何色にする？　何色でもいいよ」「好きな色鉛筆をとっていいよ」**と言います。どんな色でもいいのです。色鉛筆をとったら、大成功です。

●○を使って絵を描いてみる！

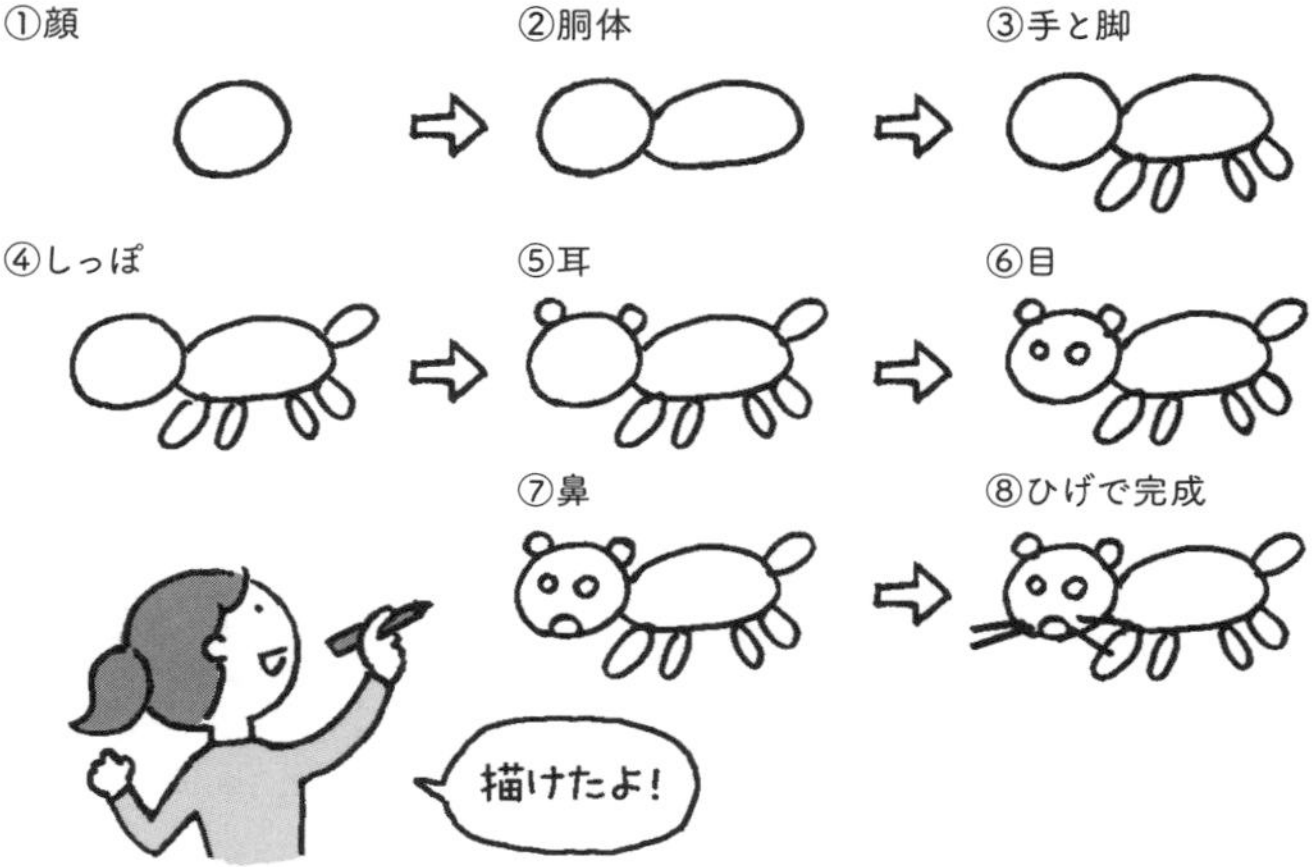

塗り方に躊躇《ちゅうちょ》したら「こんなふうに塗るよ」と少し塗ってみせます。マネできたら「上手ね！」と褒めます。本人がいったん塗り始めたら、あとは何も言いません。見守るだけです。あっという間に初めての絵が完成します。

「すばらしい！　とってもかわいいワンちゃんのできあがりね」と言って、ハイタッチして褒めます。

このあとは、周りの友だちやほかの先生にも見せて、「ほらっ、上手でしょう」と紹介します。たくさんの褒め言葉のシャワーを浴びると、自信がぐんぐんつきます。家族には、最高の褒め言葉を言ってもらえるように、先に本人のがんばりを話しておきます。

7章

子どもが1人で生きていくための「自立」をうながす教材と工夫

しのぶ先生が子どもたちのためにオリジナルでつくってきた教材がたくさんあります。この章では、そのつくり方と使い方、子どもの反応など、実践的にお伝えします。手と指、アタマをフルに使って、遊んで、楽しんで、学びます。

1

お金の種類、電卓計算に挑戦してみよう

――金銭感覚は生活力を育てる第一歩

発達障害の子どもをもつ親としては、子どもの将来が心配です。というのも、「いつまでも子どもの世話をしてあげたい」と思うのが人情ではあっても、それは非現実的な話だからです。

そこで、**「子どもが1人で生きていく」ための「生活力」「自立する力」を早くから育てていくこと**こそ、子どもにとって最も必要なことなのです。その1つの方法として、私たちは**お金の模型や絵カードを使い、お金の計算練習をする**ことで「生活力」を育てています。どのように進めているか、実例を見てみましょう。

■お金の模型と値段を書いたカードを使って練習！

果物、野菜、文房具、食べ物などのカードを使って、お金を並べる練習をします。絵を見

● お金の模型と絵カードを使って計算の練習

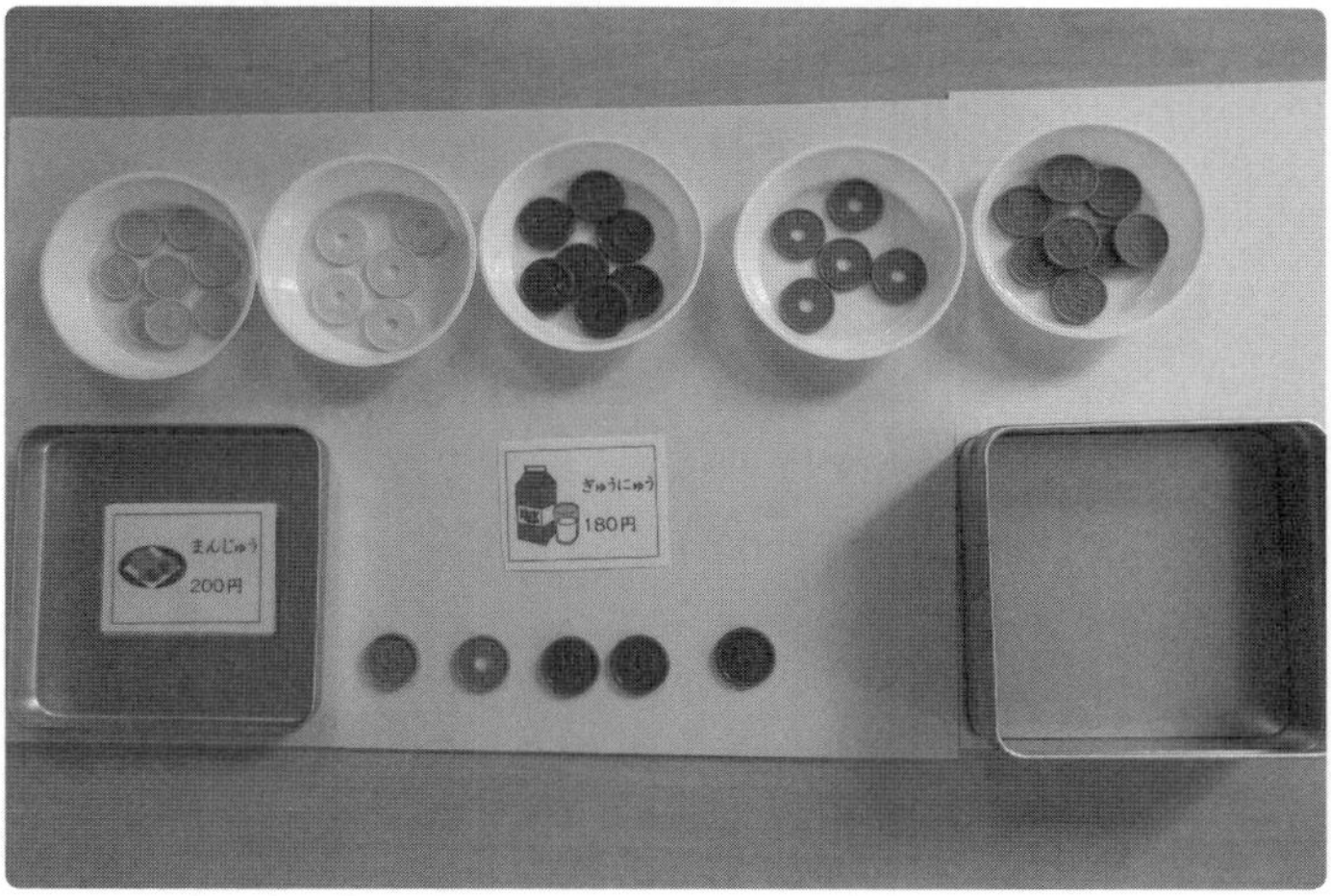

てわかるように、お金の種類（金種）ごとに、左から1円、5円、10円、50円、100円とお皿に分けて入れています（お金の模型はいろいろな種類のものが市販されています）。

左下の箱には「ぎゅうにゅう」「まんじゅう」などと書かれたカードがあり、その箱から、カードを1枚とって、真ん中に置き、その商品の金額分だけ、その下にお金を並べていきます。その金額を並べることができたら、右下の箱にカードを入れます。お金はもとのお皿に戻して、次のカードをとります。

教室で買い物学習をするときは、お店の人との会話の方法を忘れがちなので、会話の方法を書いた紙を用意して練習を重ねておきます。

①レジで買うものを渡すとき
↓「おねがいします」

②レジで買ったら
↓「ありがとうございます」

買い物を電卓で計算する練習！

税込みではいくらになるかを電卓で計算する練習もします。いくら出せば買えるか、お釣りはいくらになるかも計算していきます。

最初は誰だって、いくら出せば買えるのかをイメージできないので、表を使って目で確かめて、お金を出せるように練習していきます。たとえば税込みで１５０円のものを買う場合は、２００円を出せばお釣り50円がもらえることを、表を見て確認してお金を用意する練習をします。

●スーパーでの買い物を想定した学習

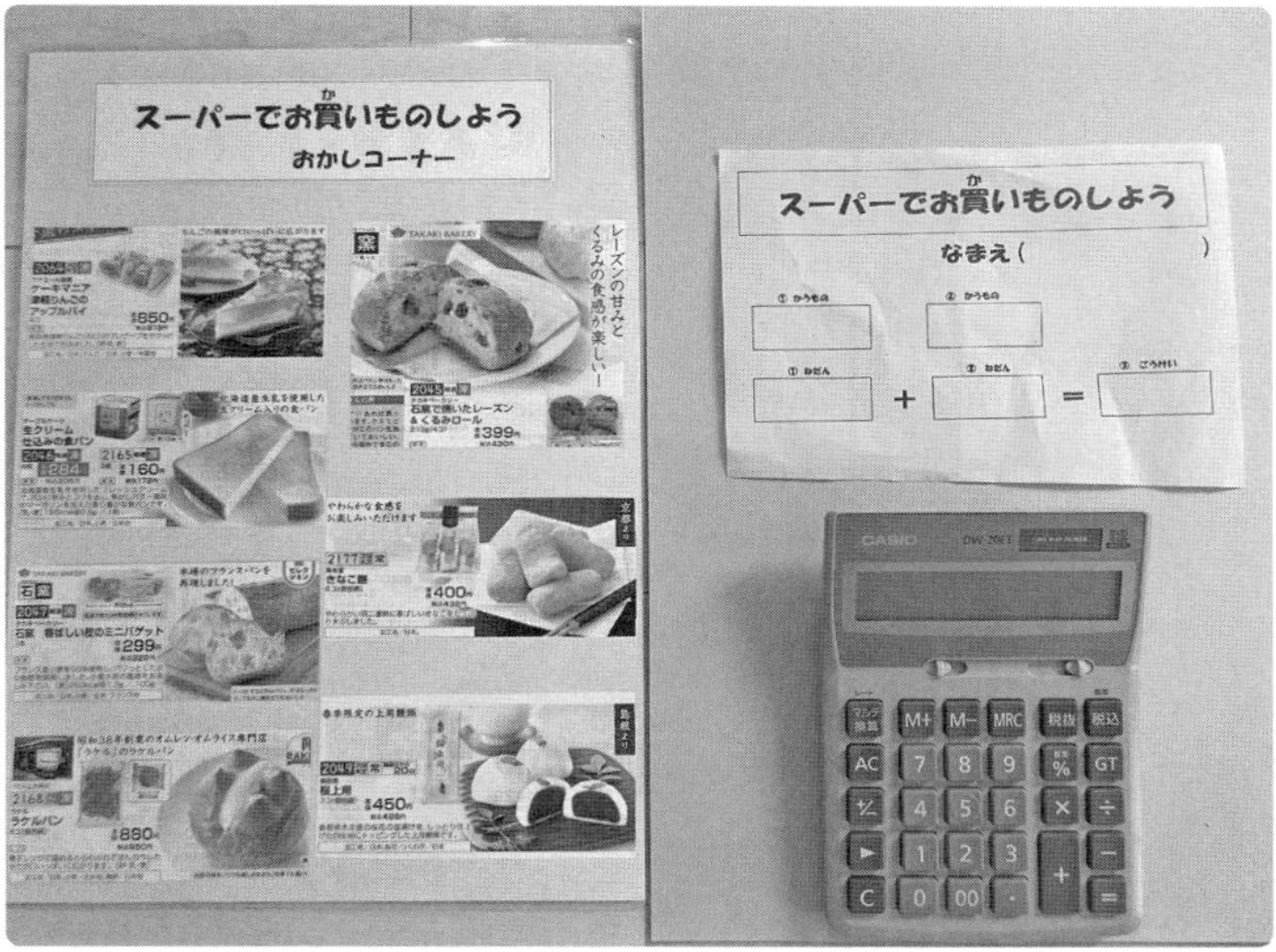

●「いくらで買えるか？」お金の目安表

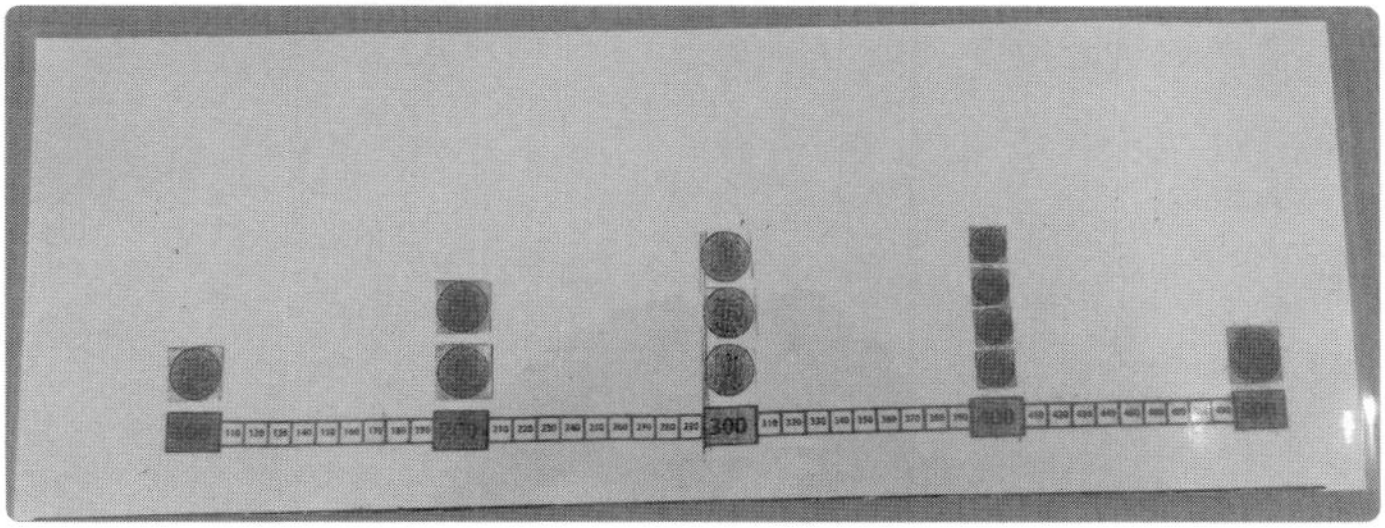

2

手先を器用にするビーズ、ピンセット遊び
——集中力、持続力アップにもつながる！

小さなもので手指のトレーニング

発達障害のある子は、手先が不器用なケースが多く、鉛筆を持って字を書いたり、物をつかんだり、つまんだりすることが苦手です。そこで、**子どもが自立する、生活力をつける方法として、「手指の訓練」をしていきます。**

初期のトレーニングとしてよいのは、

①混ざったビーズを色ごとにカップに分ける
②ビーズにひもを通す
③おはじきを色分けする
④キャップを閉める

● 手先の動きをよくするトレーニング①〜④

①ビーズ（5色）をカップに分ける

②ビーズにひもを通す

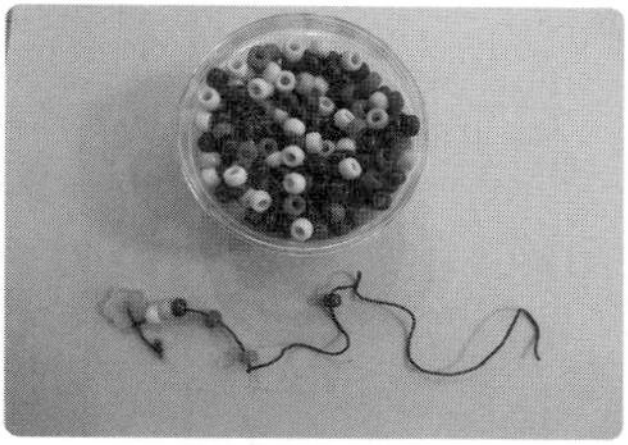

③ビー玉、おはじきをお皿に色分けする

④キャップを閉める

といった作業です。小さなものを扱うことで指先が器用になるだけでなく、「集中力」や「持続力」をつけることができます。

● 少し高度な手指のトレーニング

基礎的な動きができるようになれば、

⑤ボールペンを組み立てる

⑥小さいスポンジをピンセットでつまむ

⑦豆をピンセットやお箸でつまむ

⑧手袋に安全ピンをつけたり、外したりする

といった、もう少し高度なトレーニン

● 手先の動きをよくするトレーニング⑤〜⑧

⑤ボールペンを組み立てる

⑥スポンジをピンセットでつまむ

⑦豆をピンセットや箸でつまむ

⑧手袋に安全ピンをつける

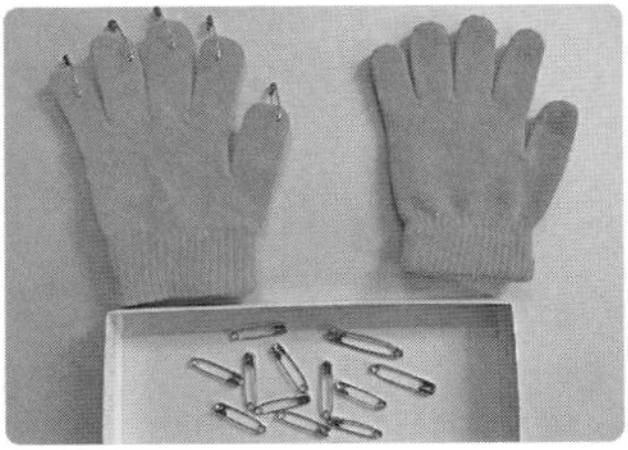

グへ進みます。

⑤は、ボールペンの各部品を箱に仕分けしておき、本体（枠）、芯、ペン先、キャップカバーの順に組み立て、できあがったら最後の箱に揃えて入れます。ボールペンができあがっていくのが楽しくて、喜んで作業を進められます。

こうしたトレーニングを通じて、根気力、指先の器用さが鍛えられていきます。できあがったら、笑顔で「すごいね！」と褒めてあげ、やる気を出させていきます。

3

モザイクパズル、ジグソーパズルで空間認知力を高める

——視線がそれても大丈夫！

■「ペグ差し」で手指の訓練と集中力のアップを同時に

前節では集中力、持続力をつけるトレーニングについて説明しましたが、ビーズを動かすといった細かな作業中に、ちょっと目がそれてしまうと、「何をやるのか」をすぐに忘れてしまいがちです。

このように「視線がそれた場合」でも、「集中力、持続力」を維持でき、さらに「空間認知力」をも育てることができるおもしろい方法があります。

２１３ページの写真を見てください。色分けしたドットの図（写真右上）と同じ形を、カラー棒（ペグ＝同写真右下）をボード（同写真左）の穴に差して完成させます。

冒頭でも述べたとおり、視線がそれるとわからなくなるので、簡単な図から複雑な図へ

と成長段階を見ながら、進めていきます。最初は「ここからスタートよ」と話しかけながらやり方を説明して、いっしょにやっていきます。10分くらいを目安にして、戸惑っていたら、手伝って完成させます。

「モザイクパズル」で空間認知力を高める

正方形や直角二等辺三角形のマグネットピースを組み合わせて、いろいろな形をつくって、空間や図形の分解・合成などを考える力をつけます。左下の写真の例では、右側の三角のピースをとり、サンタの持つ白枠の中へはめて、左側の完成形と同じものをつくります。三角のピースを回しながらはめる操作がむずかしいので、最初は先生がやってマネさせます。これによって指先も鍛えられます。少しずつ複雑な形へとチャレンジしていきます。目安は10分程度。

「ジグソーパズル」で集中力アップ！

ジグソーパズルは、ゼロから完成させるのはむずかしいので、最初のうちは4分の1のピースを外した状態からスタートして完成させ、そのうちに3分の1、2分の1、全部と外すピースを徐々に増やして取り組むといいでしょう。

ピースを回しながら、はまると「やったね」とすかさずに褒めます。すると、子どもから「このピースはどこかなぁ」と声も出てきて、楽しくなってきます。

「10分で完成できないときは、助けてあげるね」と最初に伝えておくと、子どもは安心して取り組めます。

かなりの集中力を必要としますが、達成感とわくわく感を味わえれば「またやろう！」と、次の日のチャレンジにつながります。毎日少しずつやって、完成させることを目標にするといいでしょう。

●形を再現する「ペグ差し」

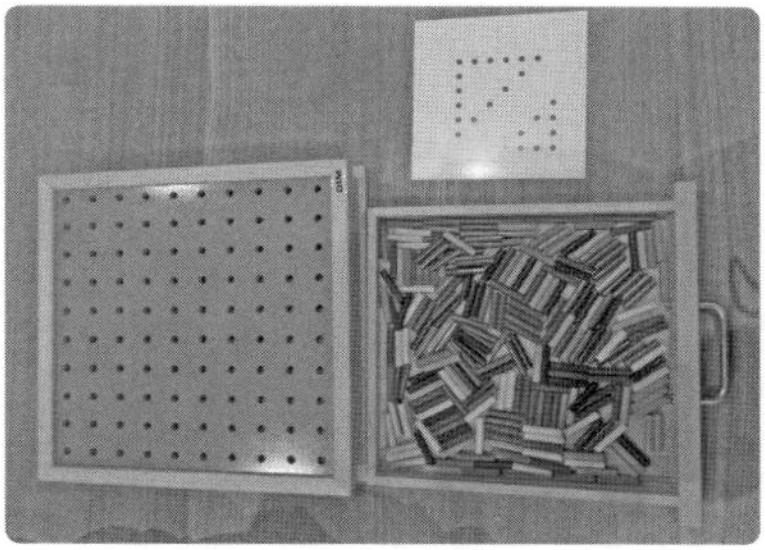

（市販されている教材）

●図形を考える「モザイクパズル」

（市販されている教材）

4

自作の絵カードでごみの分別、栄養素、駅名を覚える
――生活に根ざした力を育てる

子どもたちの行動範囲は、彼らが成長するにしたがって広がっていきます。そんなとき、自分と周りの子どもとを比べ、自分のほうがわからないことが多くなってくると、社会生活がつらくなっていきます。たとえば、身近なごみの分け方、食べ物と栄養管理、電車の駅名などもそうです。ここでは「生きる力」を楽しく育てる方法を紹介します。

ごみの分別方法を学習しよう!

ごみには「燃やすごみ」「燃やさないごみ」「資源ごみ」などがあることを知って、カードを使って分ける練習をします。家庭でも同様に練習を重ねていきます（ただし、自治体によって分別方法は異なります）。

ごみとして捨てるビンや缶であっても、容器が汚れていたら洗って出します。住んでい

ごみの種類を知って、分ける練習をする

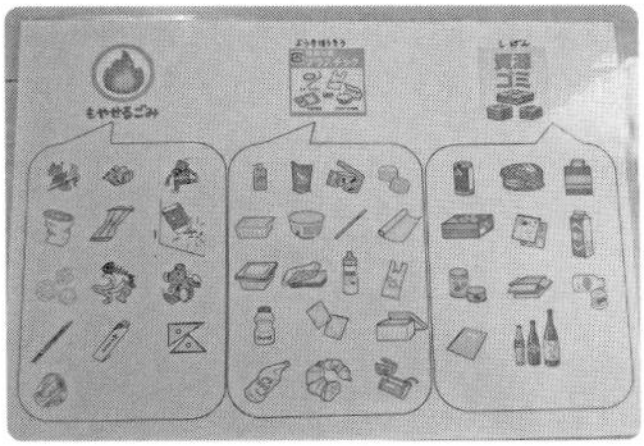

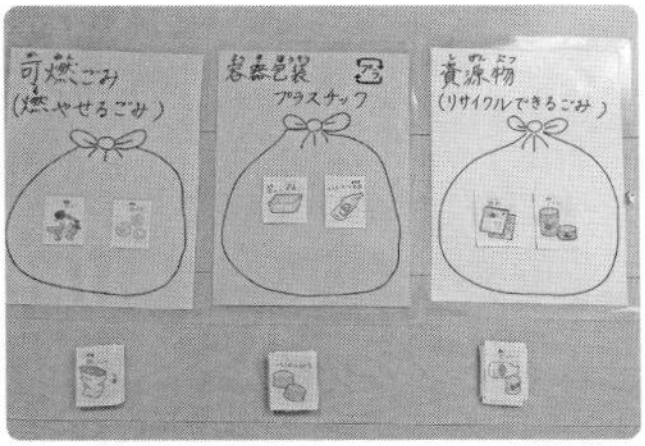

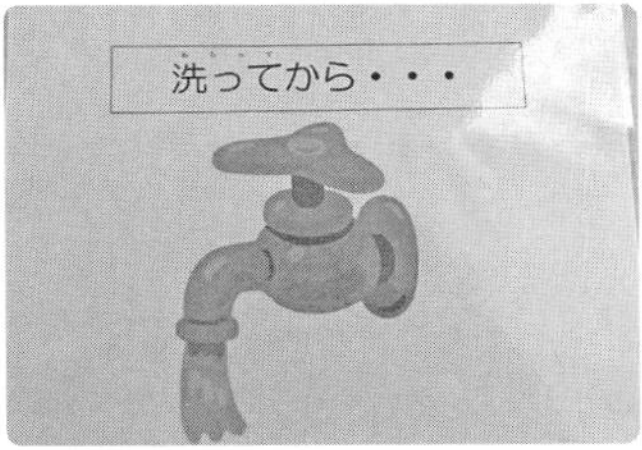

7月

日	月	火	水	木	金	土
					1 可燃ごみ	2
3	4 蛍光灯など	5 可燃ごみ	6	7 資源物	8 可燃ごみ	9
10	11	12 可燃ごみ	13 容器包装プラスチック	14	15 可燃ごみ	16
17	18 不燃ごみ 剪定枝 廃食用油	19 可燃ごみ	20	21 資源物	22 可燃ごみ	23
24/31	25	26 可燃ごみ	27 容器包装プラスチック	28	29 可燃ごみ	30

る町のカレンダーを見て、「何を何曜日に出すか」を確認します。毎日、本物のごみを使って分別していきます。できたら褒めます。

食べ物と六大栄養素のつながりもカードで覚える！

「食べ物＝栄養素」を覚えるため、大きなボードと小さなカードを使って、栄養素ごとに食べ物を分類します。炭水化物、ビタミン、タンパク質などの言葉と、身体の中でのそれらの働きを教えます。「さかな」を食べたら、ボードの「さかな」の上にカードを置き、区分として「タンパク質」であることを覚えます。

●食べたものをボードに置いて栄養素を覚える

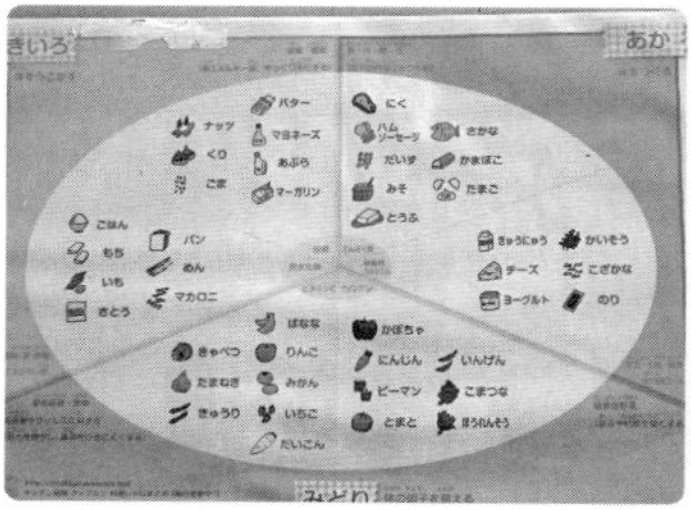

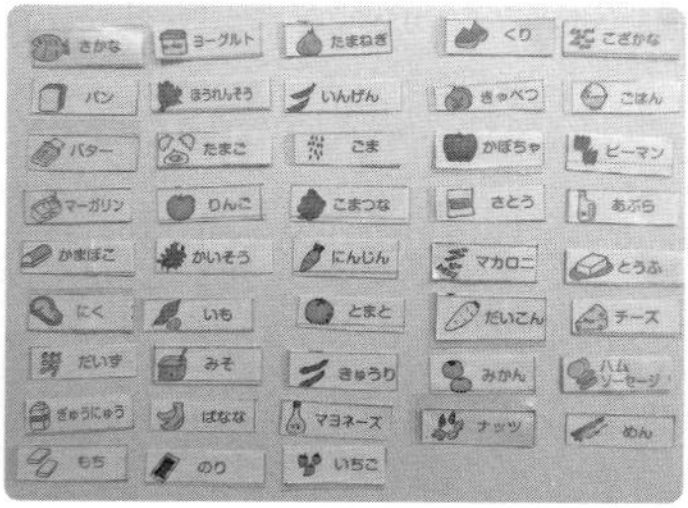

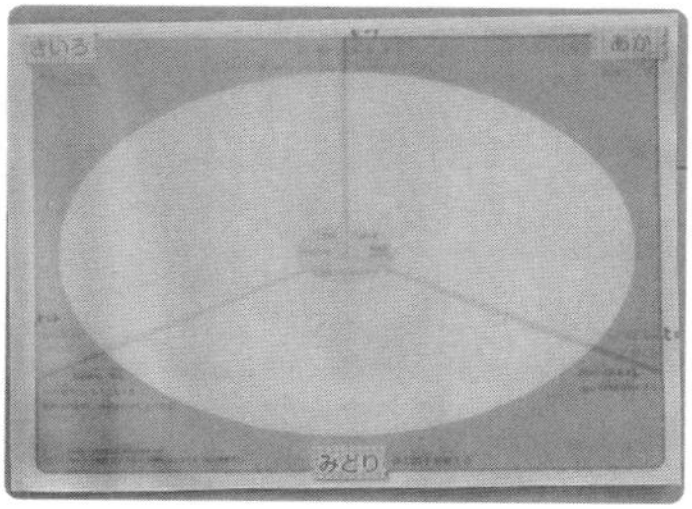

（市販のカードで作成したマッチングカード）

こうして、ボードの名前の上にカードを重ねて置いていく練習をします。毎日の食事のことなので案外、すぐに覚えられます。

覚えたら、次は空白のボードの上にカードを分けて置く練習をします。調理実習で食べ物の栄養を確認したり、家庭でも同様に学習を積み重ねていきます。学習が進んだら、「食べ物博士だね！」と褒めてあげてください。

電車の駅名は一覧表を使って覚える！

次は最寄りの駅名です。東京の小田急線であれば、新宿駅から小田原駅までの駅名を覚えてから学校で体験学習に出かけたり、家庭で出かけたりして電車に乗る練習をし、駅名にも慣れてもらいます。

次ページのように沿線の駅名を順番に並べた表（次ページ写真上）をつくり、駅名を唱えて覚えます。漢字の上にふりがなをふると漢字のトレーニングにもなります。

写真下のボードの使い方について説明をします。

スタートから8までの車両を描いたボードの上に、小田急線の駅名表を見ながら、駅名カードを置いていきます。1の車両に「新宿」と書いたカードを置きます。2の車両には「南新宿」、3の車両には「参宮橋」と順に置いていきます。

できたら、「できたね！　今度、乗ってみたいね」と言うと、電車が大好きな子どもたちは、目を輝かせて、次々と取り組み、完成させることができます。

●駅名表と駅名カードで沿線の駅を覚える

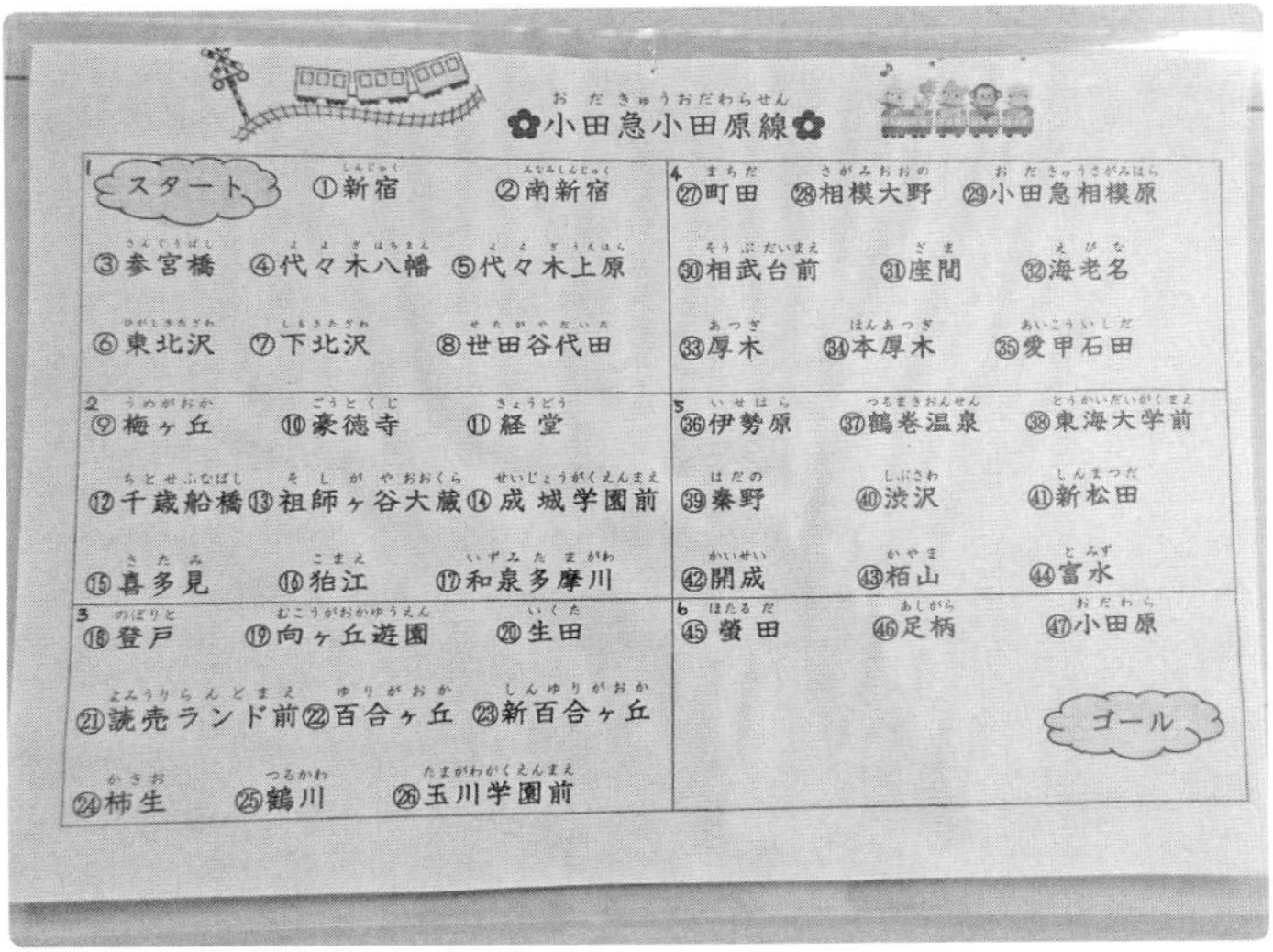

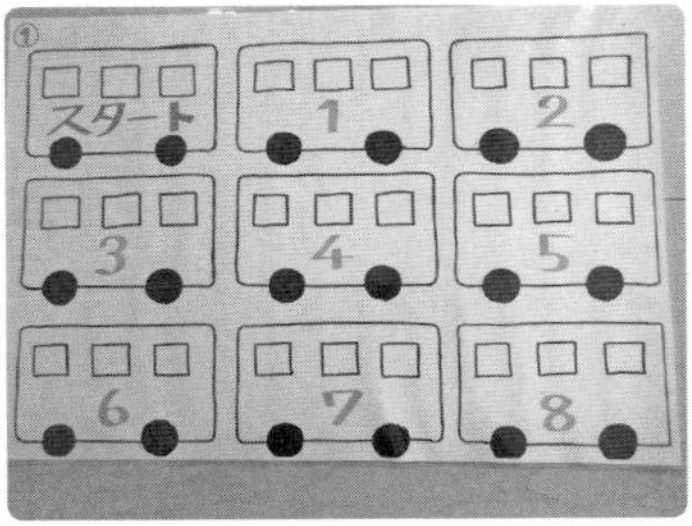

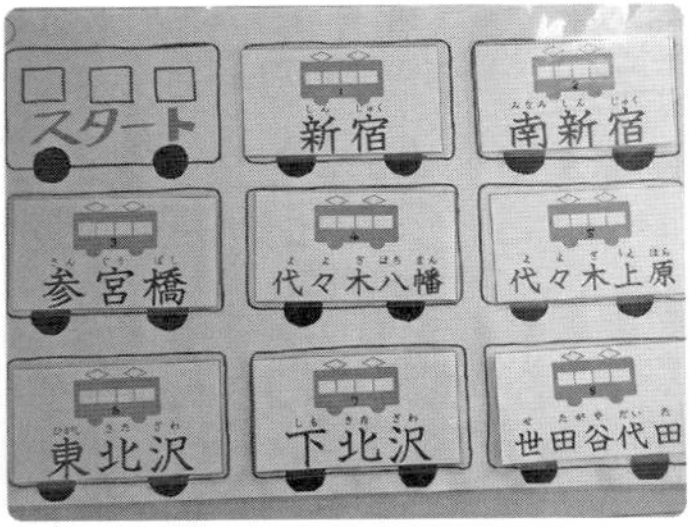

5

「手順表」があれば1人でできる子に育つ！
——持ち物も、食べる順番も手順表で解決

手順表を見て行動できるようになるよ！

発達障害のある子どもは、口頭で説明を聞いただけでは、言葉が耳から抜けてしまいがちです。とくに、長い会話は覚えにくい傾向があります。次の例は何が問題でしょうか。

「初めてやる作業なので説明しますから、よく聞いて、行なってください。最初にこの作業(①)を○○してから、次に○○(②)と○○(③)をして、最後はこの箱に入れてください(④)。できたら、先生を呼んでください(⑤)」

簡単な説明のようですが、作業5つを一度に説明しています。別の章でも説明しましたが、こうした場合は**目で見て確認できる「手順表」**が必要です。例をあげてみますので、子どもに合った手順表をつくってみてください。

「手順表」があれば1人でもできるよ！

登校したら、各自にしてもらう支度《したく》がありますが、発達障害のある子どもはいくら説明しても、できる気配がありません。そのうち、先生が代わりにやってしまうことになりますが、そうすると、子ども自身ができるようにはなりません。

1人でできるようになるには、上のような「手順表」をつくることです。登校したら、ランドセルから教科書、ノート、筆箱を取り出し、机の中の道具箱に入れます。次に教室に置いてある箱に連絡ノートを出します。給食袋を机の脇のフックにかけて、ランドセルをロッカーに入れます。手提げ袋に交流級の連絡帳を入れて、交流級に向かいます。

この一連の流れが「手順表」を見れば、スムーズに覚えられます。完璧にできるようになったら手順表は外

●いつでも確認できる手順表

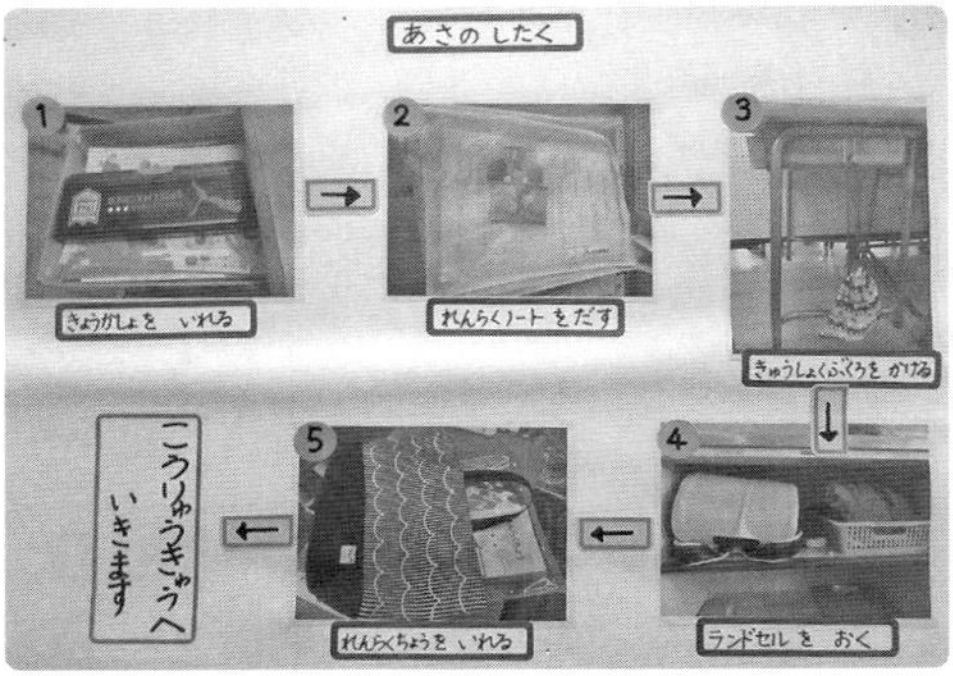

していきます。

給食も「食べる手順表」で克服！

とくに場面緘黙症の子は、給食をどれから食べてよいかわからなくなることがあります。いくら、「ごはんから食べてみようか？」と励ましても、いつまでたっても手をつけようとしません。「家庭では何でも食べる」と聞いているので、学校の場でできないだけです。そこで、順番を決めて「手順表」にしました。ここに掲げた写真はその子の一番好きなカレーライスの手順表です。

●給食の「食べる手順表」

1番はごはん（パン）、**2番はカレー、3番はサラダ、4番はデザート**です。牛乳、お茶は適宜、飲む

ことにしました。

このように「手順表」をつくり、食べる順を子どもといっしょに決めると、次の日から食べることができたのです。それをしっかり褒めてあげると、しだいに給食が食べられるようになり、ついに完食できるまでになりました。

ただし、手順表がないと食べることを躊躇《ちゅうちょ》するので、2年間は手順表を外さず、表を見て食べるようにしました。焦らずに少しずつ練習していくことが大切です。

6

2語文、3語文のカードで文章力を高める
——言葉をマッチングさせて文をつくる!

2語文、3語文をつくる方法

6章で「2語文、3語文で文章をつくる」練習を積むことで、すぐに使えるようになるという話をしました。といっても、文字だけだと、子どもたちはつまらなく感じます。そこで、ここでは絵を入れて、カラーのかわいいカードにして楽しむ方法を紹介します。

まず、「絵のあるカード」と「絵のないカード」の2種類をつくります。**文が始まる最初の言葉を「絵のあるカード」、それに続く言葉を「絵のないカード（述語）」とします。**

子どもたちは「絵のあるカード」を先頭にもってきて、写真（次ページ上の左側）のようにタテに並べます。そして、その言葉に続く「絵のないカード（述語）」を探して並べます。「車に」のあとであれば「乗る」が続き、「鳥が」であれば「鳴く」が続きます。

カードは漢字で表記し、上にふりがなもふっておきます。こうすると、子どもは漢字とふりがなを同時に覚えてしまいます。できたら、「すごい！　できたね！」と褒めます。

こうして**2つの言葉（2語文）ができたら、次は3つの言葉（3語文）に挑戦**です。やはり、「絵のあるカード」を最初に置き、次に「目的語」、最後は「動詞（述語）」です。これもふだん使っている言葉なので、無理なくできます。

● カードを使って文章を組み立てる①

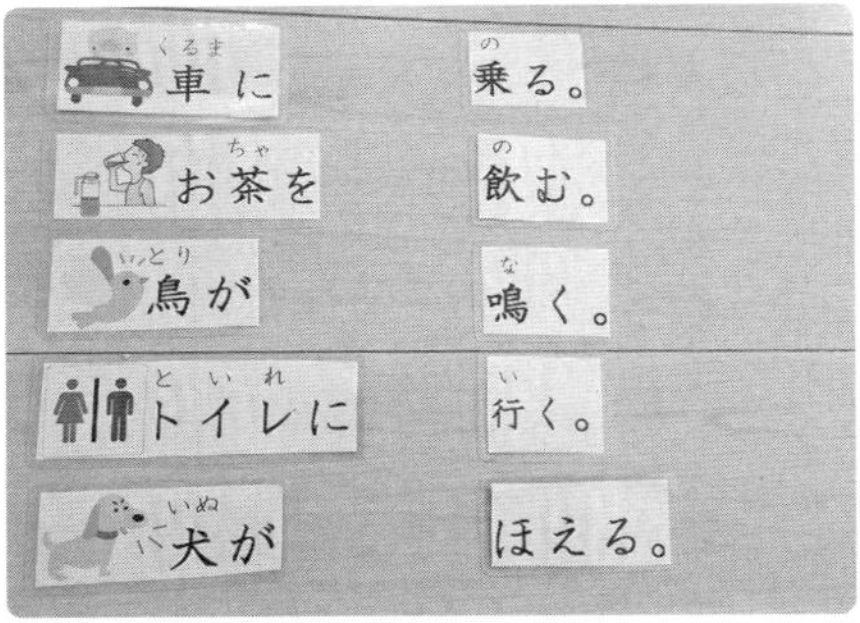

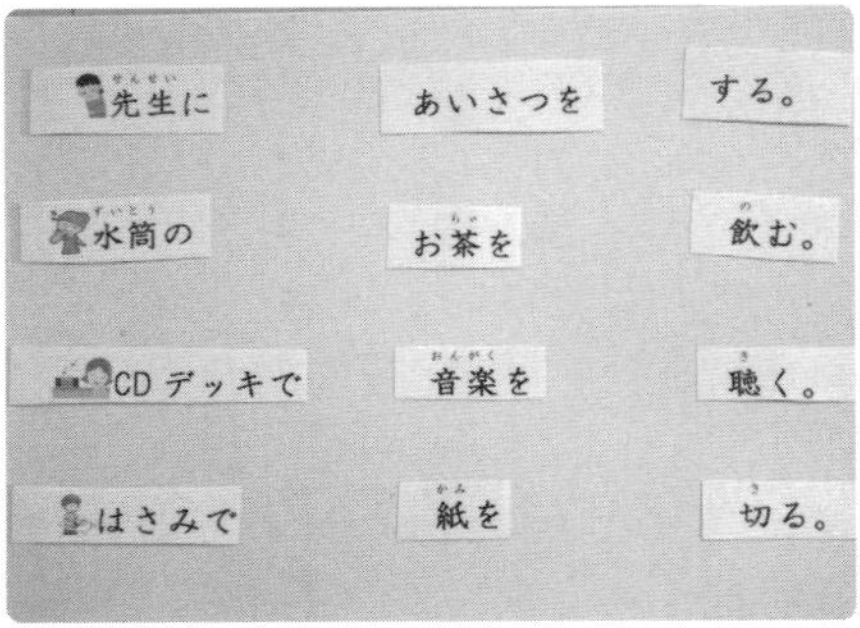

視写する

次に、ノートにそれらの文を視写します。その際に気をつけることは、①②③④⑤と順番をつけることです。書き出しを少し薄く書いておけば、何度も説明することを省くことができます。

2語文視写

①いぬが

…

3語文視写

①せんせいに

…

というようにノートに書きます。できたら、褒めることを忘れずに。

そして、書けた文を読んでもらいます。**読むことで、より鮮明に頭の中に文が入っていく**からです。前にも述べたとおり、文字の書き順、とめ、はねなどの細かな注意はしません。それよりも、「できたこと」のほうを褒めます。ノートに花丸を書いてあげましょう！

擬態語の入った文づくり！

最後のトレーニングです。まず、3パターンの言葉カードをつくって、子どもたちに分けてもらいます（左の写真）。

ここでは、先頭に「何が」（主語）と書いたカードを並べ、次に「様子を表わす言葉（パカパカ、ゴロゴロなどの擬態語）」を入れます。最後に「どうした」（述語）の言葉を探して完成させます。

● カードを使って文章を組み立てる②

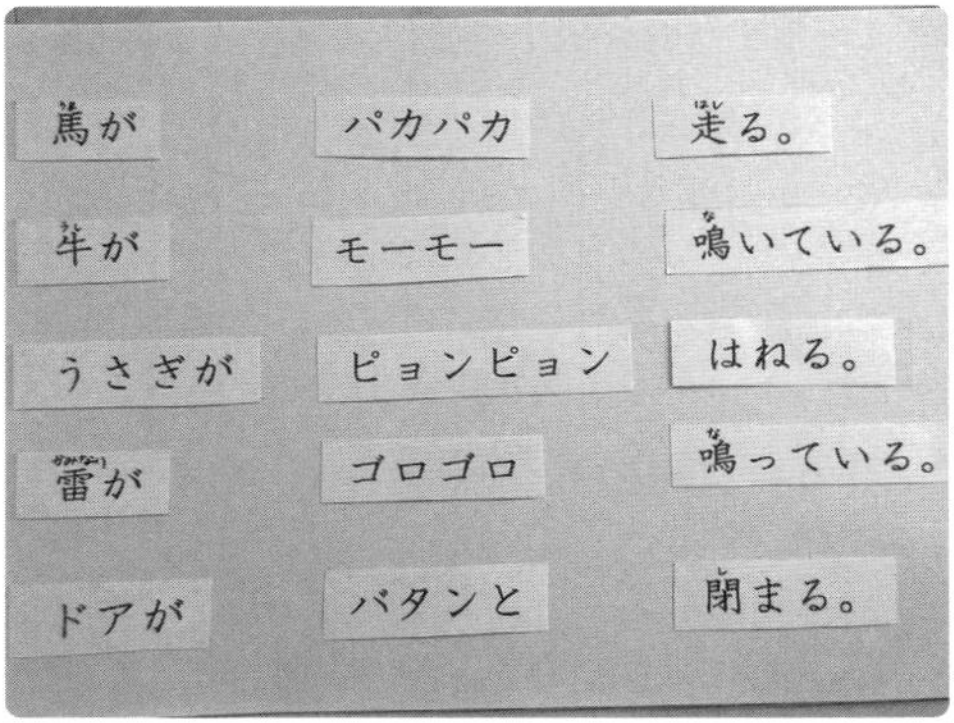

擬態語を正しく使う練習にもなりますので、ネコはニャーニャー、犬はワンワン、パトカーはウーウーなど、子どもたちも楽しく遊びながら覚えていくことができます。
さて、カードを並べることができたら、2語文カードをノートに書いたときと同じようにノートに写します。そして、文を子どもに読んでもらいます。
「書いて、見て、読む」ことで、頭の中に「文字と文」がより結びついて入っていきます。
できたら、「よく書けたね」と褒め、ノートに花丸をつけてあげてください。

7

身体の部位を覚えるマッチングカード
――クイズ形式で楽しくどんどん覚えられる！

身体の名前を覚える！

発達障害のある子は、痛みなどで感覚が鈍い面があったり、逆に敏感だったりします。たとえば、突然、声を出して、うずくまる子がいます。「どうしたの？」と聞いても何も答えないので、あわてて保健室に連れていくことがしばしばあります。痛みの場所（お腹とか）を言葉でなかなか表現してくれないのです。

「痛いところはどこですか？　痛いところを触ってください」と言うと、お腹を押さえるので、腹痛だということがわかります。

ケガの場合も同様で、言ってくれないことがあります。「転んで膝にケガをした」と伝えられるようになると、早期に対応ができ、治療もできます。

●マッチングカードを使って身体の部位の名前を覚える①

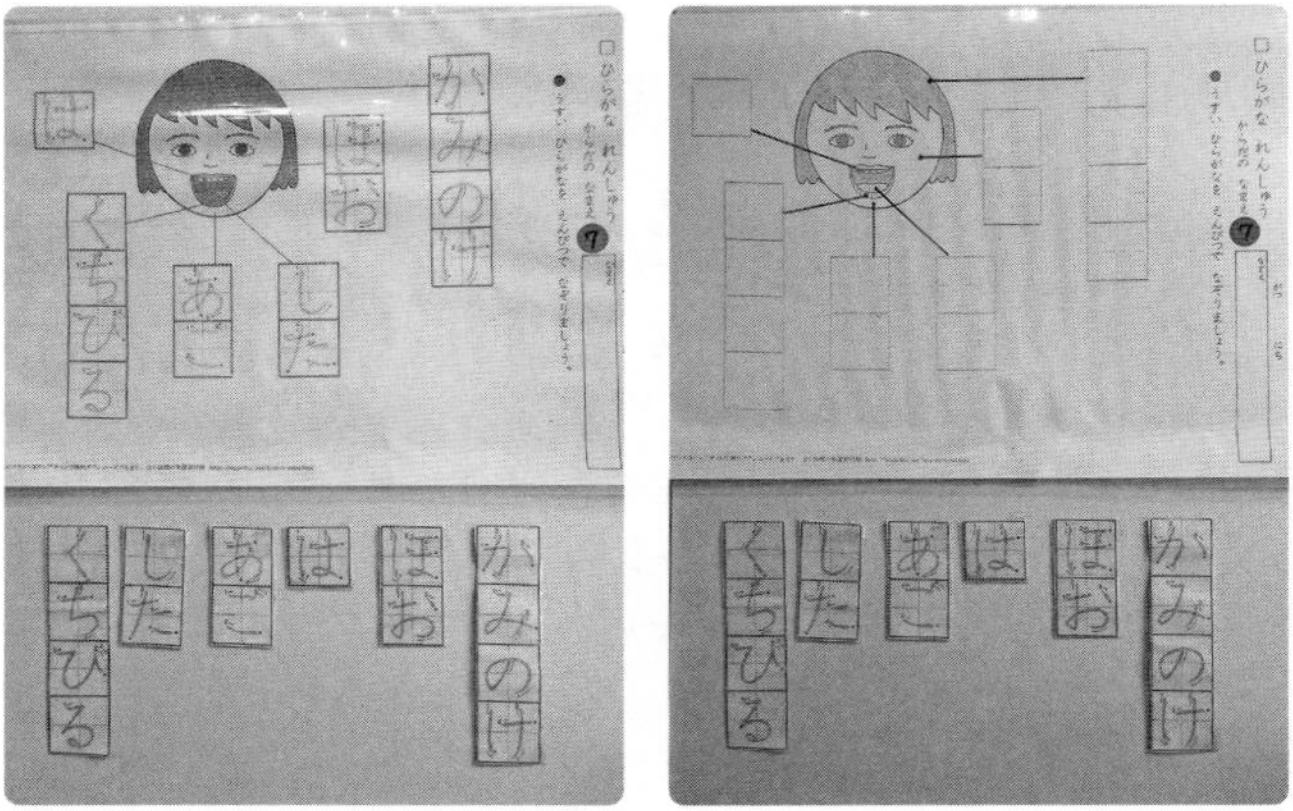

（市販のプリントで作成したマッチングカード）

そのためには、痛みのある「身体の部位」の名前を覚えていくことです。

身体の部位の名前は遊びながら覚えていく！

上の写真を見てください。左上のボードには身体の部位の名前が書いてあります。子どもたちはまず部位の名前を唱えながら、下の名前カードを上の絵の身体の部位に重ねます。

それができるようになったら、次に、何も書いてないボード（写真右上）に覚えた身体の部位の名前カードを置きます。言葉と箇所をマッチさせるのです。

正解したら、さらに先生と対面して先生のマネをしながら「かみのけ、ほお、くちびる、

●マッチングカードを使って身体の部位の名前を覚える②

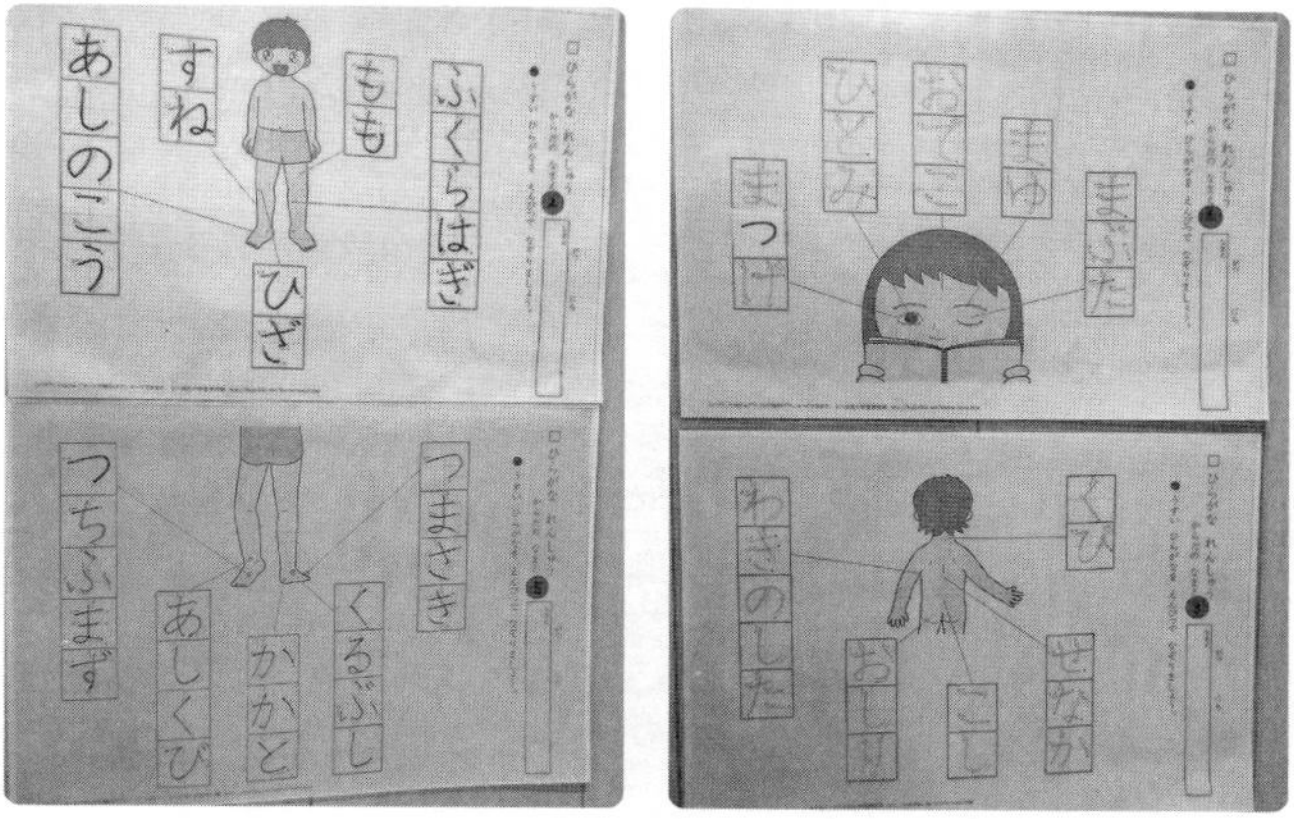

（市販のプリントで作成したマッチングカード）

あご、した、は」と触って、身体の部位の名前と自分の身体の箇所をマッチさせていきます。

●身体クイズで遊ぶ

次に「身体クイズ」で遊びながら覚えます。

先生が「身体クイズで遊ぼうよ」と言い、『かみのけ』と言ったら、自分の『かみのけ』を手で触ってね」と言います。子どもが自分の「かみのけ」を触ることができたら、「ピンポン！　大当たり」と言って褒めます。

このように、**遊びを取り入れながら、覚えたことを強化**していきます。

一度では、覚えられませんので、何度も繰り返し学習していきます。

自分で対処ができる！

身体に関するさまざまなことは、1人でできるように、小学生のうちから少しずつ練習していくこと大切です。

次のようなことを目標にするといいでしょう。

①ケガをしたら、理由を言って「消毒してください」と言えるようになる

②痛みがあったら、部位を指して「頭が痛いです」などと言えるようになる

③自分で絆創膏《ばんそうこう》を貼って、ごみの始末までできるようになる

④転んで血が出ても大騒ぎしない。自分の気持ちをコントロールできるようになる

これらのことで、1つでもできるようになったら、それは「生きる力」が育ちつつあることになります。ぜひ、褒めてあげてください。

8

名前かるた、文字合わせカードでたくさんの名前を覚える

――一気に「名前博士」になって自信いっぱい！

ひらがなとカタカナを使って物の名前がわかる！

ひらがなやカタカナの表を見て、「文字を唱える」ことができても、「文字を書ける」ことにはなりません。そこでノートやプリントを使って何度もなぞり書き練習をし、手本を見ながら書いて覚えていきます。

こうして文字を1つずつ、「か」「さ」と覚えても、「かさ（傘）」という名前を書けることにはなりません。物の名前は、ひらがなやカタカナの1音1音をつなげて「名前になる」のです。そのことを繰り返し唱え、書いて練習し、覚えていく必要があります。

「い」「ぬ」をつなげて「いぬ」という名詞は動物の名前であるということを理解します。「カ」「メ」「ラ」の文字をつなげて「カメラ」という物の名前であることを文字だけでなく

絵、写真や現物を見て覚えていく必要があります。
それでは、具体的な方法を見ていきましょう。

名前を覚えたら、貯金箱へポトン！

まず、左のようなかるたやカードを使って物の名前を覚えます。その後、文字合わせカードを使って文字の組み立てをして物の名前を覚えます。できたらカードを貯金箱に入れていきますが、これが楽しくて、子どもたちは何度もチャレンジしたくなります。

名前かるた、文字合わせカード、貯金箱

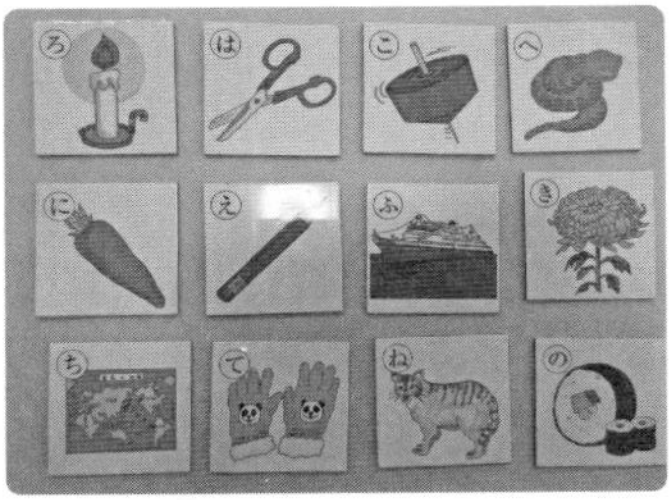

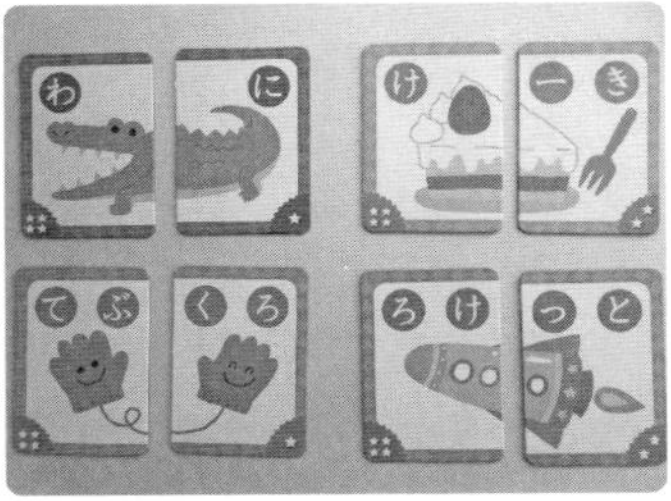

（市販のカード、プリントで作成したマッチングカード）

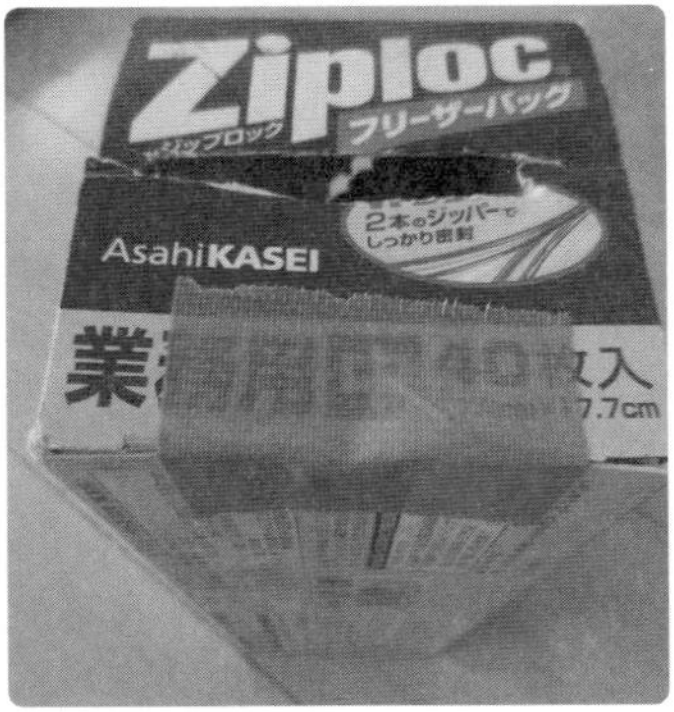

手作りの貯金箱に入れる

●いろいろな物の名前をおぼえる

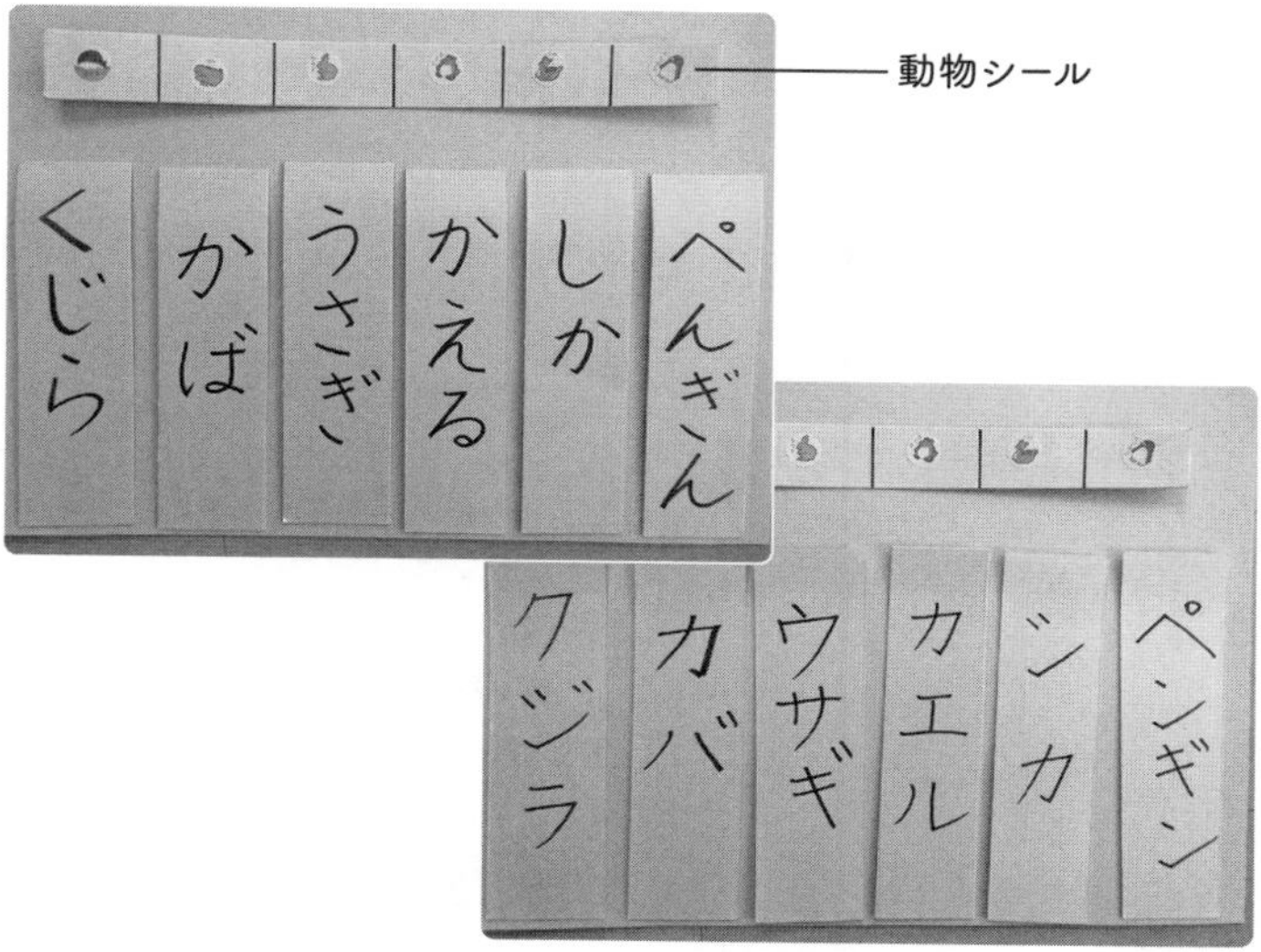

「ウサギウサギウサギ」と何度も書いて覚えよう！

物の名前もひらがな、カタカナのカードを使って覚えます。上の写真は、動物の名前のひらがなとカタカナを覚えるトレーニングです。まずカードに書かれた動物の名前を唱え、次に該当する動物シールの下に置きます。写真はカードを選んでマッチする箇所に置いた状態です。これをひらがなとカタカナで繰り返します。

次に、動物シールをノートに貼り、動物の名前を唱えて、ノートに書く練習をします（次ページ写真右）。このよう

●いろいろな物の名前をおぼえる

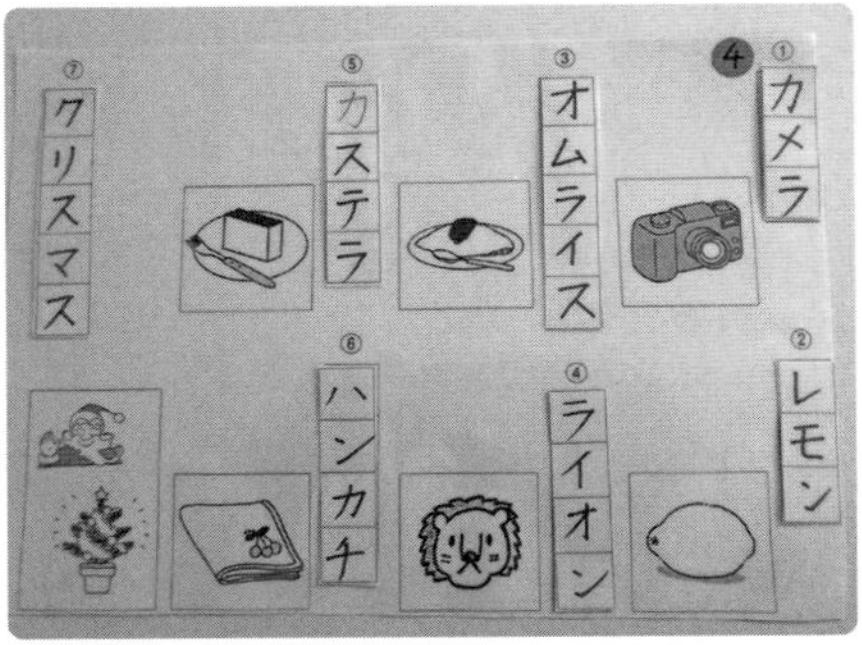

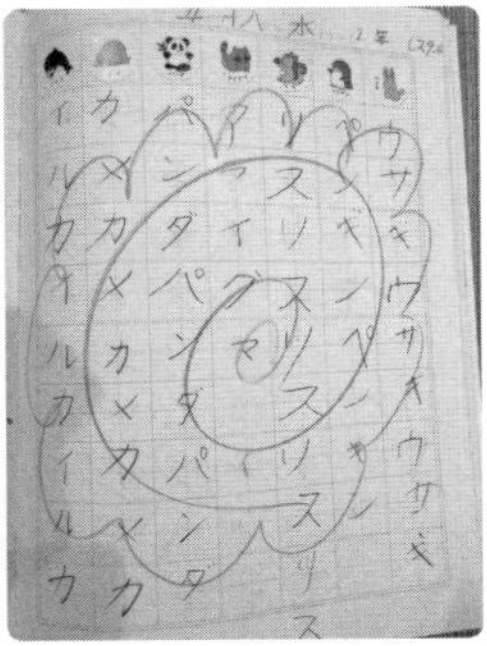

（市販のカード、プリントで作成したマッチングカード）

に絵を見ながら何度も書いて、絵と名前を一致させていくのです。

動物だけでなく、身近な果物、野菜、食べ物、乗り物、虫などでも練習するといいでしょう。物の名前カードを使って、上の写真（左）のように、**絵の隣に名前カードをマッチングさせていくと、どんどん言葉を覚えられます。**

できたら、花丸をして、褒めます。１か月もすると、たくさんの物の名前が書けるようになっていますよ。

9

野菜カード、果物カード、家電カードで遊んで学ぶ
――知識が広がり、理解が深まる「仲間」分け

「仲間分け」をしよう！

物の名前を知ると、世界の理解が一気に広がります。なぜなら、名前を知ることで「仲間分け」ができるからです。食べられるものには「野菜、果物、お菓子」などがあり、食べられないものには「日用品、乗り物、家電製品」などがあることを覚えていけます。

絵カードを使って、野菜や日用品（ノートなど）を分けられるようになったら、スーパーや家電製品などのチラシを見て分けるトレーニングもするといいでしょう。並行して、物の名前を書いたり、マッチングカードを使って「野菜かどうか、果物かどうか、乗り物かどうか」など、さまざまな違いによって仲間分けをして、ノートに書き出していきます。

野菜カード

果物カード

家電カード

花カード

鳥カード

乗り物カード

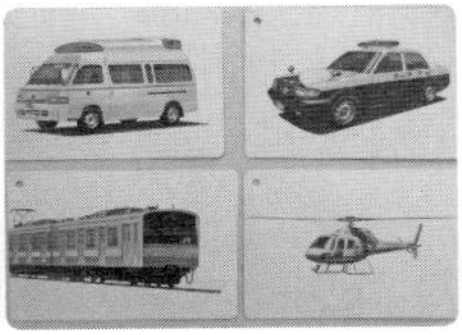

（くもんの教材カード）

カードで仲間分けをしよう！

果物、野菜、乗り物、動物、日用品、花、鳥などの各種のカードを使って仲間分けをします。

「かるたをします。かるたの中から、野菜のカードをとってください」と言うと、子どもたちはカードを選んできて、黒板に貼っていきます。自分の選んだカードが正解かどうか、ドキドキしますが、人の前で発表する練習にもなり度胸がつきます。

正解したら、拍手をしてみんなの前で褒めます。自信がついてやる気も出てきます。

仲間分けマッチングカードで練習しよう！

「どうぶつ」「はな」「とり」などの名称と分類の枠をいくつか掲げたボードを用意します（左写真上）。そして、その下にチューリップ、ひまわり、うま……などのさまざまな物の名前のカードを並べます。

子どもは分類名（どうぶつ、はな、とり）を見ながら、下のカードから「仲間」のマッチングカードを探して、分類の枠（真ん中の段）に置いていきます。このとき、枠には「はと」「たんぽぽ」のように、薄い文字でヒントを書いておくと、「これの仲間だ！」とわかりやすくなります。

これで「仲間分け」の練習ができます。できたら、拍手して褒めます。

最後に、これを印刷して、文字で書く練習をします。できたら花丸をして褒めます。

● マッチングカードで仲間分け

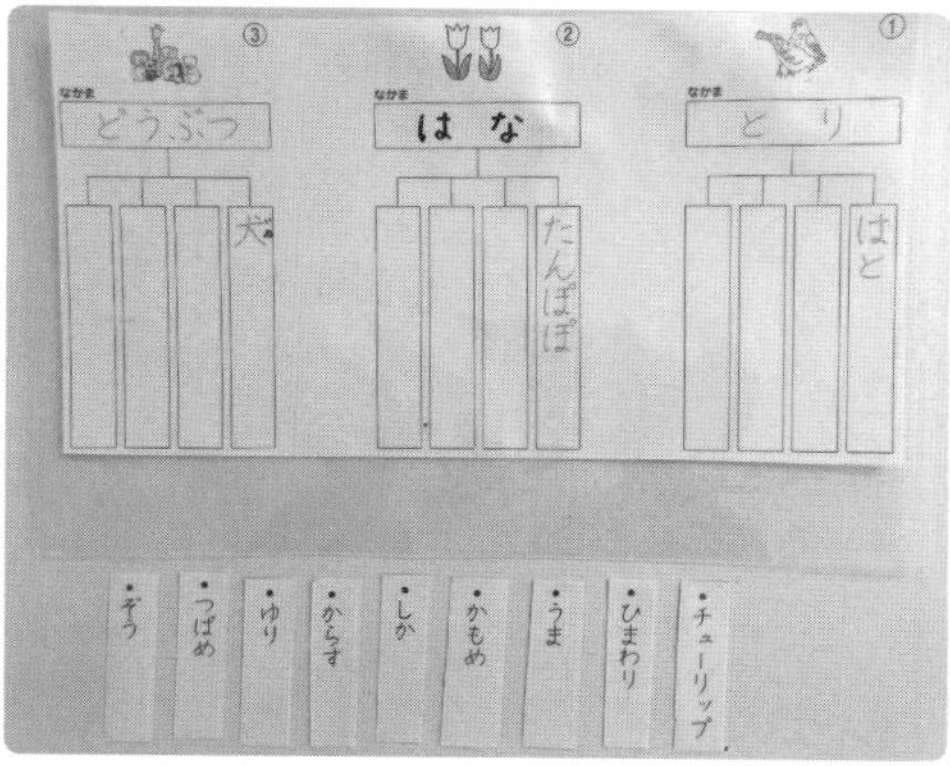

（市販のプリントで作成したマッチングカード）

10

ひも通しで操作力を高める
——上から下へ、下から上へ運針練習！

ひも通しで運針の練習

この章で、指の訓練のためにビーズにひもを通す話をしましたが、具体的なトレーニング方法を紹介しておきましょう。厚紙や布に番号がふられた穴があり、番号順に上から下、下から上へとひもを穴に通していけば、絵が完成するというものです。つづりひもは先がプラスチック製のものだと穴に通しやすいです。

子どもたちにとって、ひもを上から下、下から上へと垂直に通すことはむずかしく、途中で投げ出す子もいます。ここで先生の出番です！

「次は3番よ、ほら、ここよ」と穴の位置を目でわかるように指示します。つきっきりになりますが、ていねいにアドバイスしていきます。子どもも慣れてくると自分で通せるよう

番号順につづりひもを通す

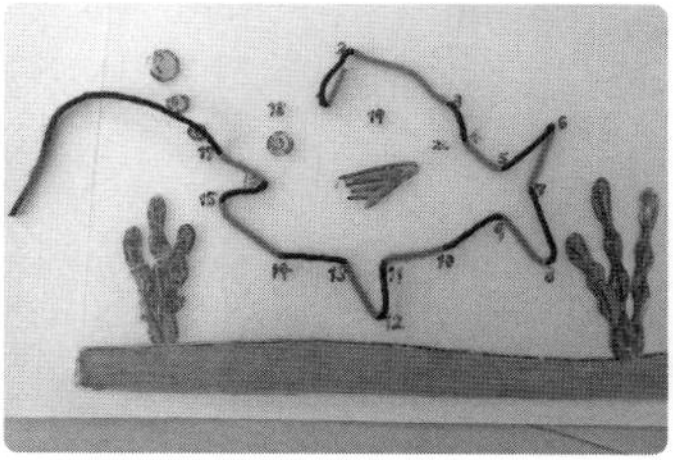

魚が完成！

てるてるぼうず

かたつむり

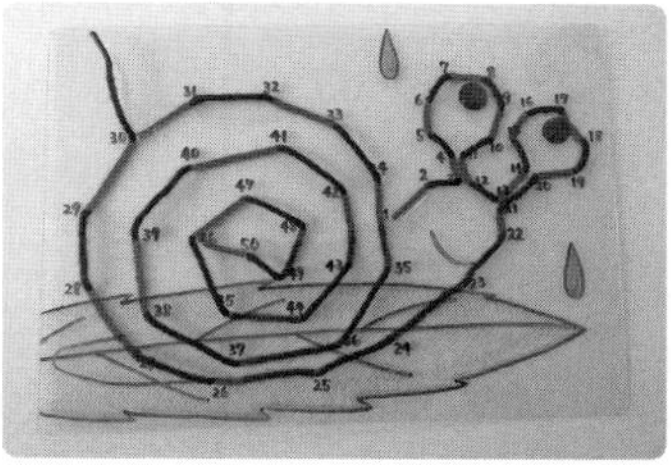

になり、だんだんと絵が完成してくるので楽しくなってきます。「いったい、どんな絵が出てくるかなぁ、楽しみね」と声をかけながら、励まします。

ぞうきんをつくろう！

垂直にひもを通す作業ができるようになれば、次は針と糸を使って布地を縫っていきます。つづりひものときと同様に、上から下へ、下から上へと赤い目印を目指して針をさしていきます。うまく命中しないときは手を持って針をさす感覚を教えていきます。完成したら、ハイタッチします。

子どもたちが、①がんばってできたこと、②集中できていたことの2点をお母さんたちに伝えてあげてください。もちろん、作品を持ち帰って、子どもが褒めてもらえるようにします。

● ぞうきんをつくって、親にも喜んでもらう

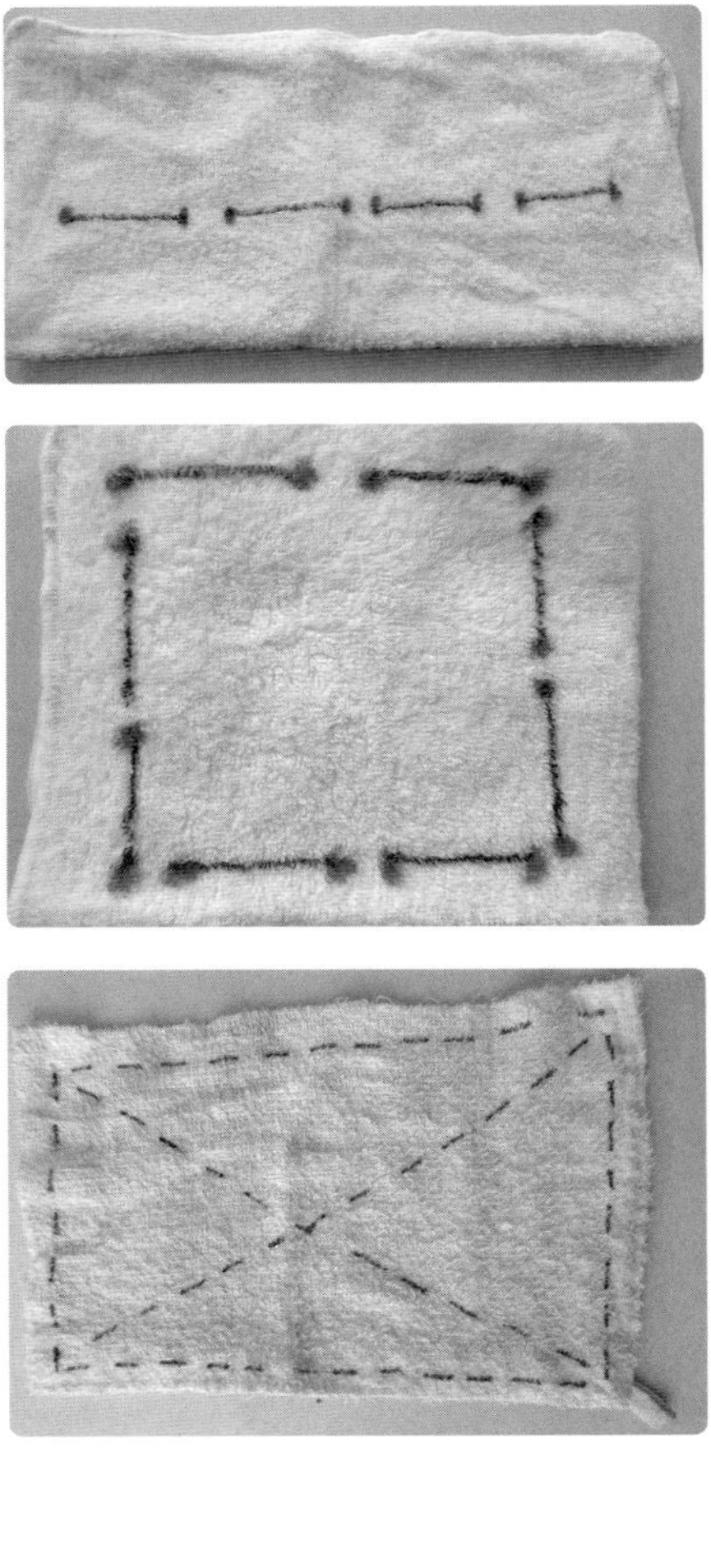

11

ドーナツ学習は成長するためのビッグイベント！

——事前準備から経路確認まで

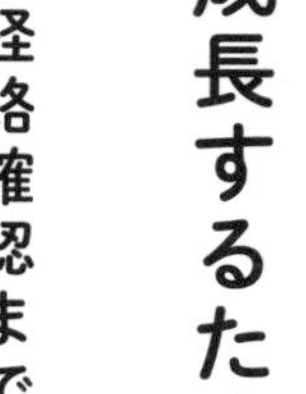

買い物学習の方法を紹介

6章の「ドーナツ学習」の実践のしかたを説明します。実際にドーナツを買いに行く前に、ドーナツやトレイ（台）の模型をつくって練習しておきます。

まず、ドーナツの写真を切り抜き、ラミネートをかけます。ラミネートをかけるのは、トングで持ちやすく丈夫にするためです（トングは本物を使う）。トレイは新聞紙を丸めてつくってもいいでしょう。こうした作業は図工の時間に準備します。

いくらのドーナツを買うのか、お釣りはいくらになるのか、といった練習は「買い物学習」では欠かせないものです。十分にできるようになったら、いよいよ買い物に出かけます。

6章でも伝えましたが、ドーナツを買いに行く前に、あらかじめメニューを見て、買いた

いドーナツを決めておきます。値段がわかったら、150円なら200円を財布に入れておきます（少し多めに入れておくのは、お釣りをもらう練習の意味があるため）。

ドキドキの体験は絵や作文にして！

ドーナツ屋さんまで電車やバスを使うとき、現金を使ってもいいのですが、せっかくなので交通系ICカード（スイカ、イコカ、パスモ、ピタパ、マナカなど）の使い方を練習するといいでしょう。ここでは関東近辺の私鉄でよく使われるパスモ（PASMO）の例で説明します。

バスで行く場合、乗車する際に交通系ICカードを使って整理券の機械の前でピッと音を鳴らして乗車し、降車する際にも同じカードを使って運転手さんの前でピッと鳴らして下車する方法をみんなで練習します（乗るときに整理券をとって、降りるときに支払うケースもある）。

電車であれば、駅の改札の機械にタッチして出入りします。

さぁ、ドーナツ屋さんに到着しました。決めておいたドーナツを買い、お釣りとレシートをもらい、財布にしまいます。買い物が終わったら、同行している先生にお釣りの金額とレシートを確認してもらいます。

教室に戻ったら、買ったドーナツをみんなで「いただきます」をして食べます。その後、

●ドーナツを買いに行く練習

①図工の時間にドーナツをつくる

②ドーナツを1つトングでとって
トレイにのせる

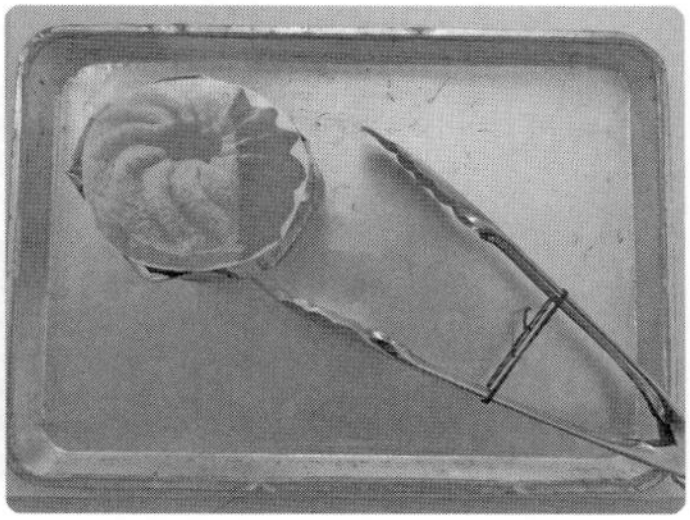

③レジでお金を支払い、お釣りと
レシートを受け取る

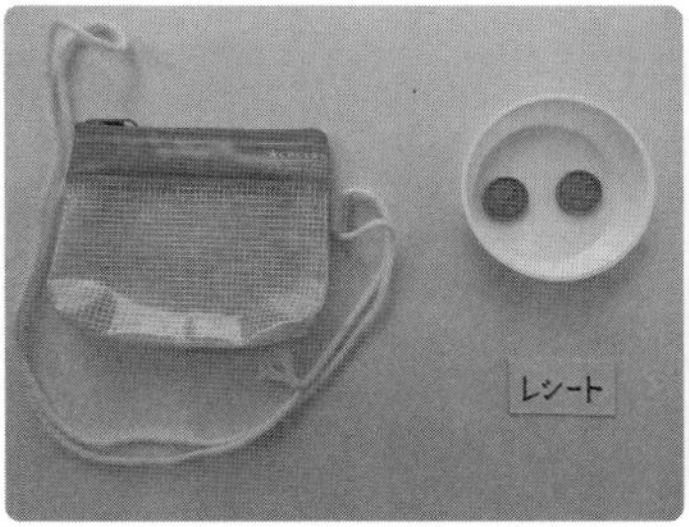

④袋にドーナツを入れてもらい
「ありがとう」とお礼を言う

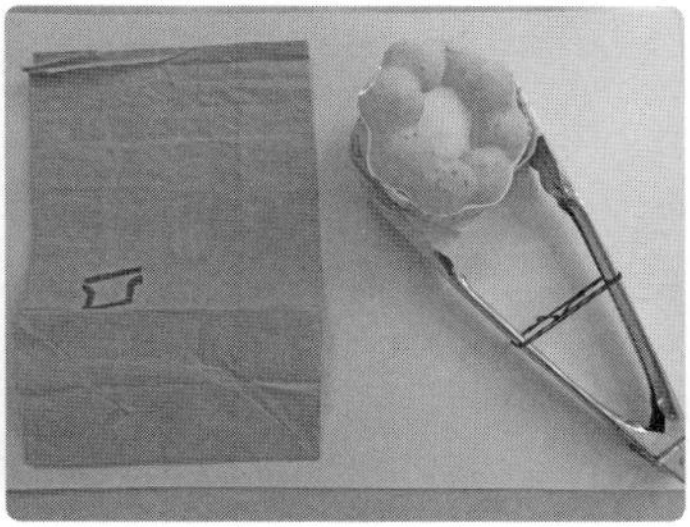

今日の買い物学習について発見したこと、楽しかったことを絵や作文に書きます。

ふだんなら「作文はイヤだ」と言う子どもたちも、今日は違います。なぜなら、バスに乗るときのワクワク、ドーナツを買ってお金を払うときのドキドキ、みんなでドーナツを食べたときの喜びなど、楽しかったこと、発見したことがいっぱいあるからです。書くことはいっぱい。だから、自然に作文を書くことができます。

先生は花丸やシール、コメントをつけて褒めてあげてください。家庭にも買い物学習の成果を伝えて、お母さんたちにも褒めてもらうようにするといいでしょう。「時間が許す範囲で、家庭でも買い物学習を実践してもらえると、力がつきます」と伝えておきましょう。

買い物学習は子どもが成長するための「ビッグイベント」なのです。

おわりに

将来、子どもがどこでどう働き、どう生きていけるのか――障害やグレーゾーンの子をもつお母さん／お父さんにとって、「就労」への心配は非常に強いものがあります。

私はこれまで、そのようなお母さん／お父さんに対して、「子どもたちが成長し、社会に出て働ける！」ことを肌身で知ってもらうため、就労情報を知らせる努力をしてきました。それによって、お母さん／お父さん自身、安心することができるからです。

まず必要なのは「知る」こと。就労に対するさまざまな支援制度があります。たとえば、「障害者雇用制度」「特例子会社制度」などです。特例子会社制度とは、障害のある人の雇用を促進し、安定を図るために設立された会社のことで、障害者を支援するための就労環境が整っているのが大きな特徴です。

就労に関する相談・申込みは市町村の「障害福祉課」が窓口となっているので、それも知って利用しましょう。また、「就労移行支援事業所」（全国3000か所以上）では、一般企業への就労を2年ほどサポートしてくれ、その終了後は「障害者就業・生活支援センター」が個別に支援してくれます。ほかにも、「就労継続支援A型・B型事業所」「障害者職業能力開発校」（公共職業訓練）なども、目的別に就職からその後の定着支援までを幅広くサポートしています。

私はお母さん／お父さんに対して、それぞれの地域にある会社や特例子会社などを訪問し、見学することを薦めています。将来、自分の子どもがどのような会社で仕事をするのかを知るためには、実際に仕事の現場を見たり、支援者の話を聞くことです。それによってはじめて、将来、自分の子どもが働いている姿をイメージできるからです。

私たち特別支援学級の担任も、障害のある子が働いている会社を訪問し、見学しています。見学することで、子どもたちが社会参加するために何が必要か、小学校段階ではどういう能力を身につけるべきか――それを考えることができるからです。小学校で得た学習力、生活力、精神の安定力、自己表現力は、生きていくために欠かせない力になります。

もちろん、課題はたくさんあります。けれども、新しい時代に対応した就労支援のあり方も見えてきています。障害のある子、グレーゾーンの子らが夢をもって働けるよう、お母さん／お父さんたちと力を合わせ、一歩ずつ前に進んでいけたらと考えています。協力すれば、必ずうまくいきます。希望をもって歩んでいきましょう！

村田しのぶ（むらた　しのぶ）
神奈川県綾瀬市、秦野市立小学校の普通学級教諭を15年務める。その際、学級の中に自閉スペクトラム症、場面緘黙症など、さまざまな発達障害の児童がいたことがきっかけで特別支援を要する児童の教育に関心を持ち、その後、特別支援学校教諭の免許を取得し、特別支援学級を25年以上にわたって担当する。
一貫して、障害をもつ児童、あるいはグレーゾーンの児童の教育、普通学級の児童とのかかわり（交流級）、学級の運営方法、教育のしかた、就職して１人で生きていくための学習・生活支援方法など、実践活動に尽くしてきた。現在は、これまでの長い経験を通して培った知見をもとに、発達障害の子どもをもつ親、あるいは障害のある子どもを指導する後輩教員、支援員に対して、さまざまなアドバイスを行なっている。

[特別支援学級《とくべつしえんがっきゅう》]　しのぶ先生《せんせい》が教《おし》える
発達障害《はったつしょうがい》＆グレーゾーンの子《こ》どもが
「１人《ひとり》でできる子《こ》」になる言葉《ことば》のかけ方《かた》・伝《つた》え方《かた》

2023年２月20日　初版発行

著　者　村田しのぶ
発行者　杉本淳一

発行所　株式会社日本実業出版社　東京都新宿区市谷本村町３−29 〒162-0845
編集部　☎03-3268-5651
営業部　☎03-3268-5161　振　替　00170−１−25349
https://www.njg.co.jp/

印刷・製本／リーブルテック

ISBN 978-4-534-05984-0　Printed in JAPAN